中国铁路西安局集团有限公司
GYK揭示编辑中心管理细则

《中国铁路西安局集团有限公司GYK揭示

编辑中心管理细则》编委会　编

中国铁道出版社有限公司

2023年·北　京

图书在版编目(CIP)数据

中国铁路西安局集团有限公司GYK揭示编辑中心管理细则 / 《中国铁路西安局集团有限公司GYK揭示编辑中心管理细则》编委会编. —北京 :中国铁道出版社有限公司,2023.5
ISBN 978-7-113-30064-7

Ⅰ.①中… Ⅱ.①中… Ⅲ.①轨道车-运行-控制设备-运营管理-细则 Ⅳ.①U268.4

中国国家版本馆CIP数据核字(2023)第047404号

书　　名:中国铁路西安局集团有限公司GYK揭示编辑中心管理细则
作　　者:《中国铁路西安局集团有限公司GYK揭示编辑中心管理细则》编委会

责任编辑:高　楠　　　　**编辑部电话:**(010)51873347
封面设计:高博越
责任校对:刘　畅
责任印制:赵星辰

出版发行:中国铁道出版社有限公司(100054,北京市西城区右安门西街8号)
网　　址:http://www.tdpress.com
印　　刷:北京联兴盛业印刷股份有限公司
版　　次:2023年5月第1版　2023年5月第1次印刷
开　　本:880 mm×1 230 mm　1/32　**印张:**4.625　**字数:**90千
书　　号:ISBN 978-7-113-30064-7
定　　价:35.00元

编　委　会

前　言

为全面贯彻新发展理念，持续深化铁路改革，大力推进资源整合，中国铁路西安局集团公司领导统筹谋划、科学决策，成立了集团公司 GYK 揭示编辑中心，实现了 GYK 运行揭示数据集中编辑、统一发布、共享成果，有效化解了工务、供电系统各自编辑 GYK 运行揭示数据时审核程序简单、把关不严的风险，达到了减员增效、保障安全的目的。

为规范 GYK 揭示编辑中心作业流程和工作标准，以系统化、精准式管理服务现场生产，提升标准化、规范化管理品质，我们编写了本细则。

本细则以《铁路技术管理规程》(普、高速铁路部分)《大型养路机械使用管理规则》《列车运行监控装置(LKJ)数据文件编制规范(2015 版)》《中国国家铁路集团有限公司铁路运输调度规则》(普、高速铁路部分)《轨道作业车管理规则》《铁路施工调度命令管理系统管理使用和维护办法》等规章制度为编写依据，较为全面地介绍了 GYK 揭示编辑中心基础配置、岗位职责、工作流程、运用管理和应急管理等内容，供 GYK 运行揭示编辑岗位和自轮运转车辆乘务人员借鉴学习运用。

本细则在编写过程中，得到集团公司领导和相关单位的悉心指导、技术支持，在此表示感谢！

编委会

2023 年 3 月

目　　录

第一章　总　　则

第一条　为规范工务、供电系统自轮运转车辆 GYK 运行揭示编辑管理，保障自轮运转车辆运行安全，依据《铁路技术管理规程》（普、高速铁路部分）《列车运行监控装置（LKJ）数据文件编制规范（2015 版）》《中国国家铁路集团有限公司铁路运输调度规则》（普、高速铁路部分）《铁路施工调度命令管理系统管理使用和维护办法》《轨道车运行控制设备运用维护管理办法》等文件规定，结合实际，制定本细则。

第二条　本细则明确了 GYK 揭示编辑中心岗位职责和工作标准，规范了运行揭示调度命令的接收、复核、检索流程及 GYK 临时数据文件的编辑、核对、模拟验证、审核传递等工作，制定了网络故障、软件故障、错编、漏编 GYK 临时数据文件的应急处置措施。

第三条　本细则适用于工务、供电系统各运用单位在国家铁路营业线上运行的轨道车、接触网作业车、大型养路机械等具有高速自运行能力的自轮运转车辆的运行揭示及 GYK 临时数据文件运用管理。

第二章　基础配置

第一节　GYK揭示编辑中心软硬件配置

第四条　GYK揭示编辑中心软硬件配置。

软件配置：铁路运输调度管理系统（TDMS4.0）、GYK揭示数据编辑软件（V1.5.0，附件1）、GYK网络版揭示数据编辑软件（V1.5.0，附件2）、GYK揭示对比软件（V1.0.1）。

硬件配置：计算机10台、UPS应急电源10个、传真打印机1台、打印机1台、扫描仪1台、电话（带录音功能）2部、Windows触控一体机2台、门禁人脸识别系统1套、监控摄像球机2个、拼接显示屏1个、软件数据测试仪（GRC-Ⅱ）1台、软件数据模拟验证装置（GYK-B-XSDB）1台，GYK运行揭示数据专用转储U盘2个，记录仪7部，测酒仪1个。

第二节　GYK揭示编辑中心岗位编制

第五条　GYK揭示编辑中心设主任1名、副主任1名、工程师1名；操作技能岗位定员8名。

第六条　GYK揭示编辑中心管理人员需具备大专及以上学历，掌握GYK设备的运用管理、铁路信号、行车组织等相关知识，熟悉站场示意图，了解施工计划中非正常行车组织方式、管内复杂站场列车运行径路等相关情况。

第七条 GYK 揭示编辑中心操作技能人员应经过专业培训，有较强的工作责任心、良好的职业道德，掌握自轮运转车辆运用安全方面基本规章制度，具备相应的专业知识和技能，计算机运用熟练，有一定的文字表达和沟通协调能力。

第三节 GYK 揭示编辑中心人员配置

第八条 命令签收台、命令复核台各 1 名。负责接收、核对、检索分解运行揭示调度命令，编制交付揭示，向各运用单位传递运行揭示调度命令、GYK 临时数据文件和交付揭示。

第九条 编辑台 2 名，分编辑主台、副台。负责确认命令签收台、命令复核台对运行揭示调度命令的检索结果，正确后编辑主、副台按照“背对背编辑，面对面核对”的原则进行编制，真正做到“编、核分离”。确认无误后交主管工程师或主任(副)在计算机上用 GYK 揭示对比软件进行比对。

第十条 模拟台 2 名，分模拟主台、副台。负责对编制完成的 GYK 临时数据文件在数据测试仪上运行试验，辅助主任(副)审核交付揭示和 GYK 临时数据文件，正确后传递到各运用单位。

第三章　岗 位 职 责

第一节　GYK 揭示编辑中心职责

第十一条　GYK 揭示编辑中心负责集团公司管内运行揭示调度命令接收，GYK 临时数据文件的编制核对、模拟验证、审核传递等工作，主要职责：

1. 负责贯彻落实国铁集团、集团公司规章制度和技术标准。

2. 建立健全科室全员安全生产责任制，组织制定 GYK 揭示编辑中心安全管理制度和办法，落实阶段性重点工作。

3. 组织制定 GYK 揭示编辑中心各岗位的岗位职责、工作流程和作业标准，建立健全运行揭示及 GYK 临时数据文件接收、编制、传递等各项工作制度，并检查落实。

4. 落实安全生产双重预防机制，研判运行揭示调度命令接收、编制、传递存在的风险，制定管控措施，督促落实管控责任。

5. 负责向各运用单位传递运行揭示及 GYK 临时数据文件，指导非正常情况下应急处理。

6. 负责与各运用单位签订运行揭示及 GYK 临时数据文件编制、传递的委托协议并留存。

7. 负责接收运行揭示调度命令，并按时间节点做好

GYK 临时数据文件的编制、传递等工作。

8. 负责规范使用运行揭示调度命令、GYK 临时数据文件编制软件、模拟设备及服务器相关通信网络系统，负责 GYK 揭示编辑中心配置的传真机、录音电话、打印机、模拟设备、专用转储 U 盘、视频监控及录音等设备的使用管理。

9. 负责对 GYK 临时数据文件控制异常信息的协调处置，必要时与集团公司调度所施工计划室联系核实。

10. 负责科室及各岗位履责考核工作。

第二节　GYK 揭示编辑中心主任岗位职责

第十二条　GYK 揭示编辑中心主任岗位职责：

1. 落实国家、铁路行业安全生产法律法规，贯彻集团公司安全生产的决定和决议。

2. 配合做好违反企业相关规章制度行为的监督、调查、处分执行工作，提出处分建议意见。

3. 推进 GYK 揭示编辑中心标准化规范化建设，建立健全 GYK 揭示编辑中心安全生产责任制，并督促落实。

4. 组织修订运行揭示及 GYK 临时数据文件编制、传递等管理制度、措施，并督促抓好落实。

5. 负责组织建立健全 GYK 揭示编辑中心岗位职责、作业标准和工作流程并落实。

6. 负责制定运行揭示调度命令的接收、编制、传递应急处置办法，对可能遇到的停电、断网、设备故障等非正常情况进行风险研判并制定管控措施。

7. 负责对编制的交付揭示、GYK 临时数据文件进行审核，对集团公司各运用单位接收、核对情况进行检查指导。

8. 负责研判运行揭示调度命令运用的安全风险并制定管控措施，指导落实。

9. 负责 GYK 揭示编辑中心办公计算机网络安全管理工作。

10. 负责 GYK 揭示编辑中心消防安全管理工作。

11. 与自轮运转管理科科长、GYK 揭示编辑中心副主任岗位互补。

第三节　GYK 揭示编辑中心副主任岗位职责

第十三条　GYK 揭示编辑中心副主任岗位职责：

1. 落实国家、铁路行业安全生产法律法规，贯彻集团公司安全生产的决定和决议。

2. 负责协助主任做好 GYK 揭示编辑中心整体工作，做好与上级、各科室及各运用单位的协调和组织工作。

3. 负责做好 GYK 揭示编辑中心的日常技术管理和资料管理工作。

4. 负责做好与集团公司工务、供电系统各运用单位的业务衔接。

5. 负责督导 GYK 揭示编辑中心各岗位落实作业技术标准、工作流程，确保运行揭示调度命令接收、交付揭示和 GYK 临时数据文件编制、传递正确。

6. 负责组织 GYK 揭示编辑中心各岗位日常业务学习，专业知识培训，不断提高各岗位业务素质。

7. 负责更新集团公司管辖范围内线路示意图和车站顺序表等资料，对编辑区段内多线路、多方向车站组织分析研判，完善技术资料并做好传达交底。

8. 负责检查各岗位作业程序、工作标准及作业纪律执行情况，对存在的问题做好整治。

9. 负责运行揭示调度命令、交付揭示和 GYK 临时数据文件接收、传递、反馈、载入问题的调查分析，及时整治运用存在的问题。

10. 负责调整 GYK 揭示编辑中心休假人员的替岗安排，做好各岗位每日绩效打分、考勤提报工作。

11. 对使用的办公计算机网络安全负管理责任。

12. 与 GYK 揭示编辑中心主任岗位互补。

第四节　GYK 揭示编辑中心工程师岗位职责

第十四条　GYK 揭示编辑中心工程师岗位职责

1. 落实国家、铁路行业安全生产法律法规，贯彻集团公司安全生产的决定和决议。

2. 负责 GYK 揭示编辑中心日常技术管理工作，汇总审核当日资料的填报、保存工作。

3. 负责审核命令签收、复核台对运行揭示调度命令检索分解结果，审核编辑主、副台编制的 GYK 临时数据文件。

4. 负责与工务、供电系统各运用单位的沟通协调，及时解决运行揭示及 GYK 临时数据文件传递过程中存在的问题。

5. 负责研判 GYK 临时数据文件交付、载入和现场运用风险，制定防范措施。

6. 负责 GYK 揭示编辑中心各岗位业务指导。

7. 负责 GYK 揭示编辑中心软、硬件的日常管理和维护。

8. 负责协助主任（副）做好科室的日常管理工作。

9. 负责 GYK 揭示编辑中心各岗位的业务培训、日常学习。

10. 每月下现场对自轮运转车辆乘务人员交付揭示和 GYK 临时数据文件的核对、载入、确认标准进行检查指导。

11. 对使用的办公计算机网络安全负管理责任。

12. 与 GYK 揭示编辑中心副主任岗位互补。

第五节　GYK 揭示编辑中心命令签收台岗位职责

第十五条　GYK 揭示编辑中心命令签收台岗位职责

1. 向工程师汇报身体状况并进行班前酒精测试，检查确认电脑、作业记录仪等设备状态，检查网络状态，确认正常后上岗，有问题及时处理调整。

2. 认真贯彻落实《轨道车运行控制设备（GYK）运用维护管理细则》有关要求，遵循相关技术标准和管理规定。

3. 负责在生产调度指挥中心签收运行揭示调度命令。

4. 负责对接收的运行揭示调度命令进行核对，杜绝错接、漏接，核对正确后在运行揭示调度命令上签字。

5. 核对运行揭示调度命令有错误或疑问时，与命令复核台确认后向主任（副）反馈。

6. 负责对运行揭示调度命令进行检索、分解、核对工作，并填写"运行揭示调度命令接收检索登记表"(附件3)。

7. 负责编写交付揭示。

8. 辅助主任(副)审核交付揭示。

9. 负责向各运用单位传递运行揭示调度命令、交付揭示、GYK临时数据文件。

10. 对使用的办公计算机网络安全负管理责任。

11. 负责对当日工作进行总结,针对作业中存在问题进行分析,查找原因并做好整改。

12. 负责各作业设备、资料及相关备品的定制管理。

13. 负责贯彻落实上级下发的相关文件要求。

第六节　GYK揭示编辑中心命令复核台岗位职责

第十六条　GYK揭示编辑中心命令复核台岗位职责

1. 向工程师汇报身体状况并进行班前酒精测试,检查确认电脑及作业记录仪等设备状态,检查网络状态,正常后上岗,有问题及时处理调整。

2. 认真贯彻落实《轨道车运行控制设备(GYK)运用维护管理细则》有关要求,遵循相关技术标准和管理规定。

3. 负责对接收的运行揭示调度命令进行核对,杜绝错接、漏接,核对正确后在运行揭示调度命令上签字。

4. 核对运行揭示调度命令有错误或疑问时,与命令签收台确认后向主任(副)反馈。

5. 负责对运行揭示调度命令进行检索、分解、核对工作,核对"运行揭示调度命令接收检索登记表"并签字。

6. 负责与命令签收台确认向各运用单位传递运行揭示调度命令、交付揭示、GYK 临时数据文件。

7. 配合工程师查看各单位交付确认情况和回执的“运行揭示及 GYK 临时数据文件确认表”(附件 7),并填写“运行揭示及 GYK 临时数据文件传递接收核对登记表”(附件 8)。

8. 对使用的办公计算机网络安全负管理责任。

9. 负责对当日工作进行总结,针对作业中存在问题进行分析,查找原因做好整改。

10. 负责各作业设备、资料及相关备品的定制管理。

11. 负责贯彻落实上级下发的相关文件要求。

第七节　GYK 揭示编辑中心编辑主台岗位职责

第十七条　GYK 揭示编辑中心编辑主台岗位职责

1. 向工程师汇报身体状况并进行班前酒精测试,检查确认电脑及作业记录仪等设备状态,检查网络状态,正常后上岗,有问题及时处理调整。

2. 认真贯彻落实《轨道车运行控制设备运用维护管理办法》有关要求,遵循相关技术标准和管理规定。

3. 负责删除当日过期的 GYK 临时数据,销记失效的运行揭示调度命令,对无终止期限的运行揭示调度命令,填写“无终止期限运行揭示核对、撤除登记表”(附件 6)。

4. 负责确认工程师或主任(副)递交、检索、分解的运行揭示调度命令。

5. 依据运行揭示调度命令负责编制 GYK 临时数据

文件。

6. 负责与编辑副台对编制完成的 GYK 临时数据文件进行交叉复核工作，做到“编、核分离”。

7. 对使用的办公计算机网络安全负管理责任。

8. 负责对当日工作进行总结，针对作业中存在问题进行分析，查找原因并做好整改。

9. 负责各作业设备、资料及相关备品的定制管理。

10. 负责贯彻落实上级下发的相关文件要求。

第八节　GYK 揭示编辑中心编辑副台岗位职责

第十八条　GYK 揭示编辑中心编辑副台岗位职责

1. 向工程师汇报身体状况并进行班前酒精测试，检查确认电脑及作业记录仪等设备状态，检查网络状态，正常后上岗，有问题及时处理调整。

2. 认真贯彻落实《轨道车运行控制设备（GYK）运用维护管理细则》有关要求，遵循相关技术标准和管理规定。

3. 负责删除当日过期的 GYK 临时数据，核对编辑主台填写的“无终止期限运行揭示核对、撤除登记表”。

4. 负责确认工程师递交的运行揭示调度命令。

5. 依据运行揭示调度命令负责编制 GYK 临时数据文件。

6. 负责与编辑主台对编制完成的 GYK 临时数据文件进行交叉复核工作，做到“编、核分离”。

7. 对使用的办公计算机网络安全负管理责任。

8. 负责对当日工作进行总结，针对作业中存在问题进行分析，查找原因做好整改。

9. 负责各作业设备、资料及相关备品的定制管理。

10. 负责贯彻落实上级下发的相关文件要求。

第九节　GYK 揭示编辑中心模拟主台岗位职责

第十九条　GYK 揭示编辑中心模拟主台岗位职责

1. 向工程师汇报身体状况并进行班前酒精测试，检查确认电脑及作业记录仪等设备状态，检查网络状态，正常后上岗，有问题及时处理调整。

2. 认真贯彻落实《轨道车运行控制设备（GYK）运用维护管理细则》有关要求，遵循相关技术标准和管理规定。

3. 负责配合电务段对科室 GYK 模拟运行试验装置的数据换装，更新车站信息表及电子资料，做好设备的日常维护工作。

4. 负责将 GYK 临时数据载入 GYK 模拟运行试验装置中，并对载入情况及有效条数进行核对确认。

5. 负责对 GYK 临时数据文件逐条进行模拟试运行，模拟完毕在“GYK 临时数据文件编制核对登记表”（附件 4）中“模拟测试人”处签字，对异常情况及时向主任（副）汇报处理。

6. 负责配合主任（副）依据运行揭示调度命令对 GYK 临时数据进行核对、审核。

7. 负责将“运行揭示调度命令接收检索登记表”、“GYK 临时数据文件编制核对登记表”、“运行揭示及 GYK 临时数据文件传递接收核对登记表”、“运行揭示及GYK临时数据文件确认表”、临时限速数据、运行揭示调度命令等进行装订,汇编《GYK揭示编辑中心工作日志》。

8. 对使用的办公计算机网络安全负管理责任。

9. 负责对当日工作进行总结,针对作业中存在的问题进行分析,查找原因做好整改。

10. 负责各作业设备、资料及相关备品的定制管理。

11. 负责贯彻落实上级下发的相关文件要求。

第十节　GYK揭示编辑中心模拟副台岗位职责

第二十条　GYK揭示编辑中心模拟副台岗位职责

1. 向工程师汇报身体状况并进行班前酒精测试,检查确认电脑及作业记录仪等设备状态,检查网络状态,正常后上岗,有问题及时处理调整。

2. 认真贯彻落实《轨道车运行控制设备(GYK)运用维护管理细则》有关要求,遵循相关技术标准和管理规定。

3. 负责配合电务段对科室GYK模拟运行试验装置的数据换装,更新车站信息表并做好设备的日常维护工作。

4. 与模拟主台互控,确认GYK临时数据载入情况及有效条数并逐条模拟试运行。

5. 负责在GYK-B软件数据模拟验证装置中载入编辑副台GYK临时数据,核对有效条数并进行自动模拟验证。

6. 负责分析核对各运用部门GYK临时数据文件的载入反馈情况。

7. 对使用的办公计算机网络安全负管理责任。

8. 负责对当日工作进行总结，针对作业中存在问题进行分析，查找原因做好整改。

9. 负责各作业设备、资料及相关备品的定制管理。

10. 负责贯彻落实上级下发的相关文件要求。

第四章　工 作 流 程

第二十一条　GYK 揭示编辑中心作业流程,如图 4-1 所示。

第二十二条　命令签收、复核台作业流程,如图 4-2 和图 4-3 所示。

1. 命令签收台作业人员每日从生产调度指挥中心签收运行揭示调度命令,并进行核对签认。将签收的运行揭示调度命令打印 2 份,将其中 1 份及电子版运行揭示调度命令交付命令复核台作业人员。

2. 命令签收台作业人员拿纸质运行揭示调度命令诵读,命令复核台作业人员对照电子版运行揭示调度命令复诵,核对正确后,在运行揭示调度命令上“复核人”处签字。

3. 命令签收、复核台作业人员分别对各自纸质运行揭示调度命令进行检索分解并进行核对,确认正确后由命令签收台作业人员填写“运行揭示调度命令接收检索登记表”并在“检索”栏签字,命令复核台在“核对”栏签字。

4. 命令复核台作业人员将检索分解正确的运行揭示调度命令和“运行揭示调度命令接收检索登记表”交主管工程师或主任(副)审核,审核正确后在“审核”栏签字。不正确时,组织命令签收、复核台作业人员按流程重新检索、分解。

5. 主管工程师或主任(副)审核正确后将运行揭示调度命令转交编辑主、副台作业人员。

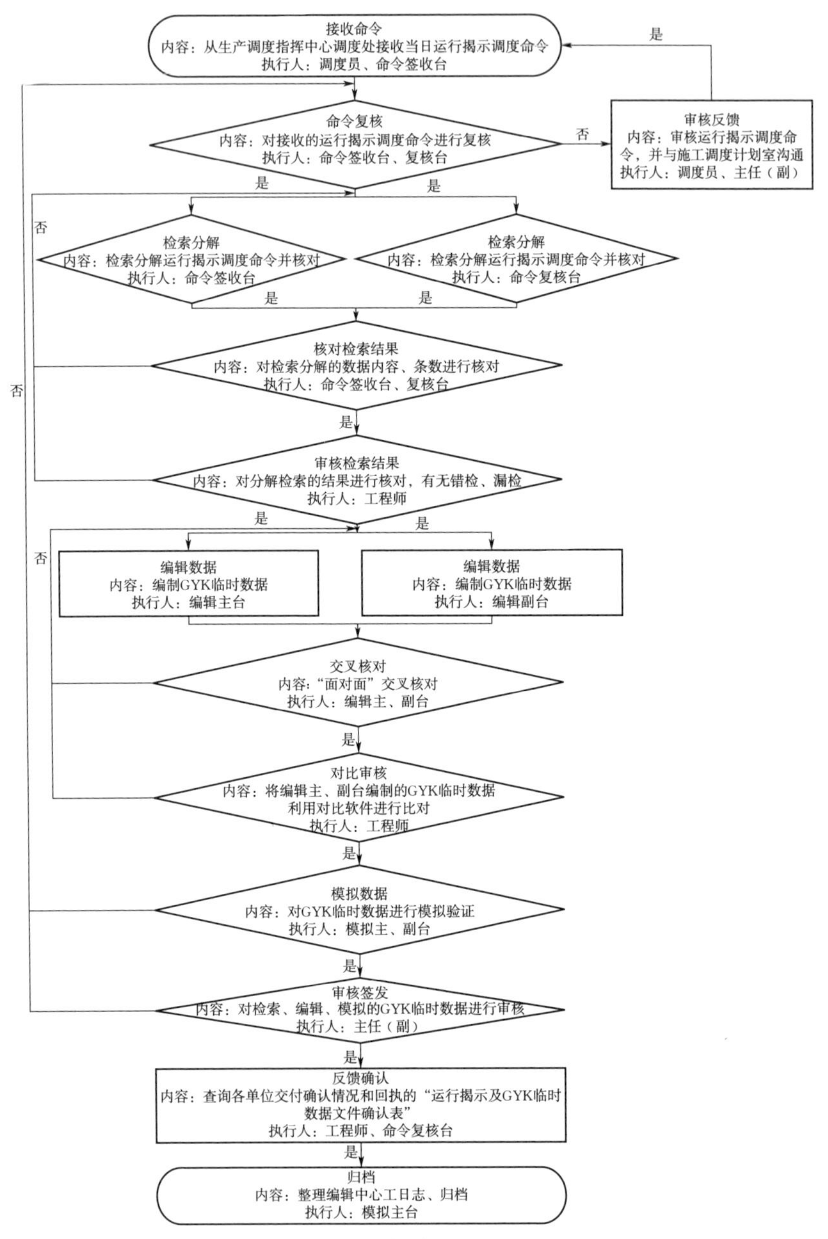

图 4-1　编辑中心作业流程

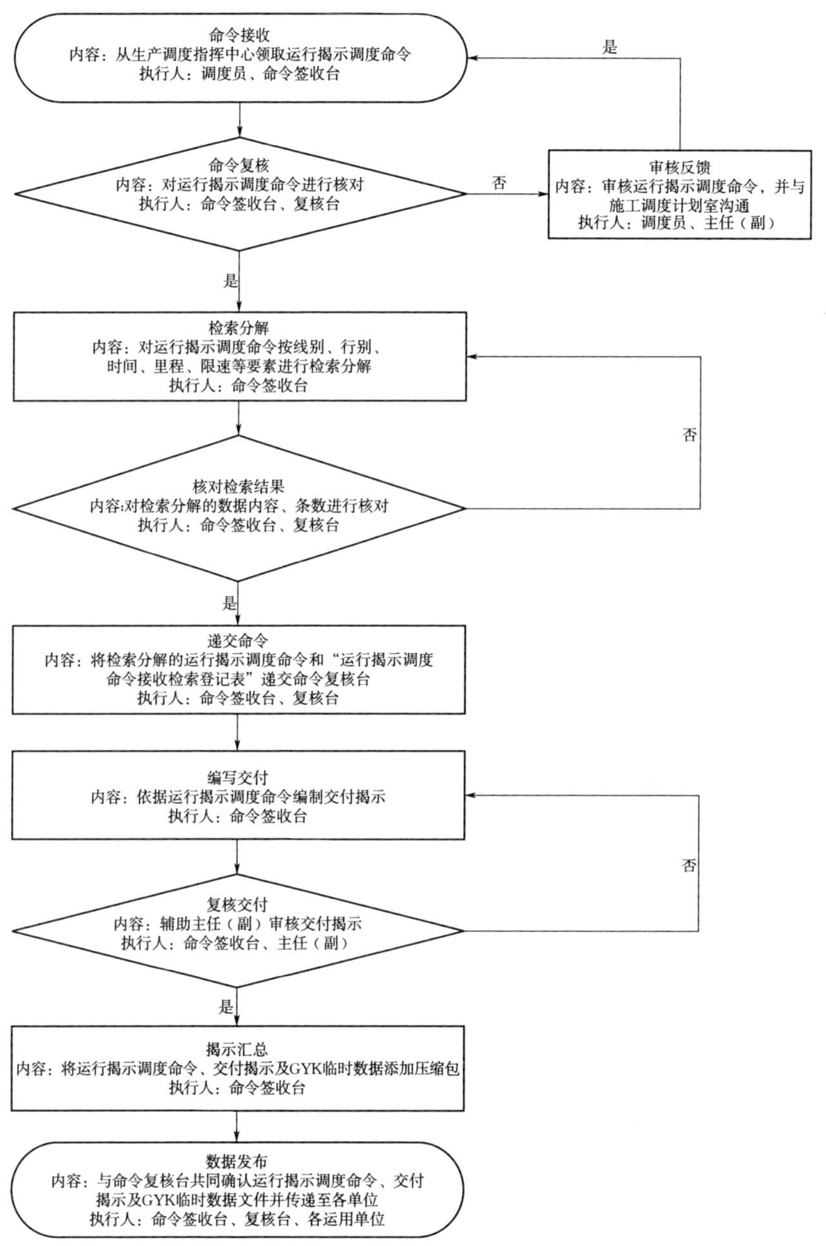

图 4-2　命令签收台作业流程

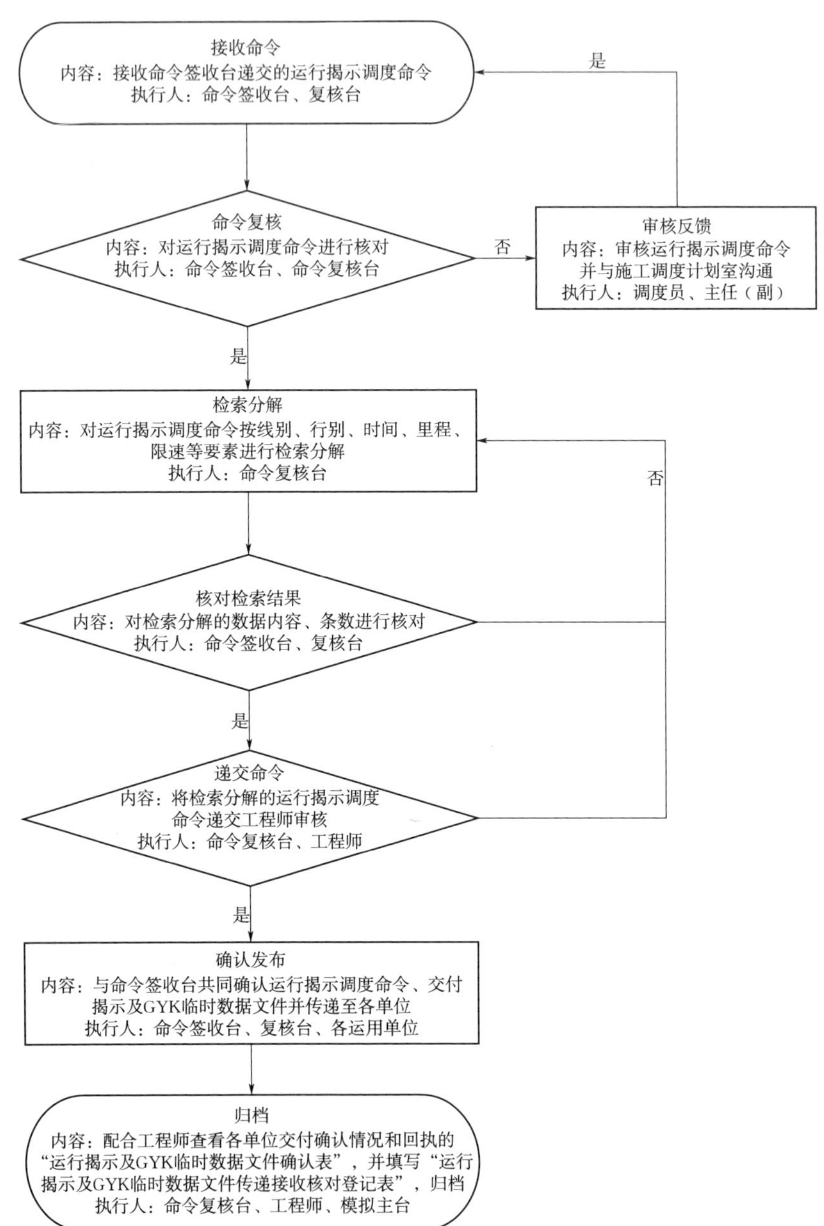

图 4-3　命令复核台作业流程

6. 命令签收台作业人员根据运行揭示调度命令内容编制交付揭示，命令复核台作业人员辅助主管工程师填写“运行揭示及GYK临时数据文件传递接收核对登记表”。

第二十三条 编辑主、副台作业流程，如图4-4和图4-5所示。

1. 编辑主、副台作业人员分别使用个人账号密码登录“GYK揭示数据编辑软件(V1.5.0)”(以下简称编辑软件)，检索当日17时00分(含)前过期的运行揭示调度命令(含由生产调度指挥中心调度员通知接收临时发布的运行揭示调度命令，按预发布时间检索当日过期的运行揭示调度命令)，做好记录，两人核对正确后，单击工具栏中的“删除”按钮，删除所选中的GYK临时数据，编辑主台作业人员在纸质运行揭示调度命令上“撤除日期、撤除人”处签字。

2. 编辑主、副台作业人员对主管工程师或主任(副)转交的纸质运行揭示调度命令进行复核，确认正确后分别进行编辑。在编辑软件界面单击工具栏中的“添加”按钮，编辑列表自动生成1条新的GYK临时数据编辑条，依次输入：调度命令号→工务线路号→行别→TMIS站名站号→限速→起始公里标(米)→长链标志→终点公里标(米)→长链标志→起始日期、起始时间、结束日期、结束时间→主三线→时间类型(下注解)。编辑主台作业人员编制完一条GYK临时数据，在“GYK临时数据文件编制核对审核登记表”登记一条，全部编制完成后，在“编制人”栏签字。

在编辑路票、绿色许可证、区间作业的数据时，输入参数项与临时限速参数输入项有所不同，输入方法与临时限速编辑方法一致。

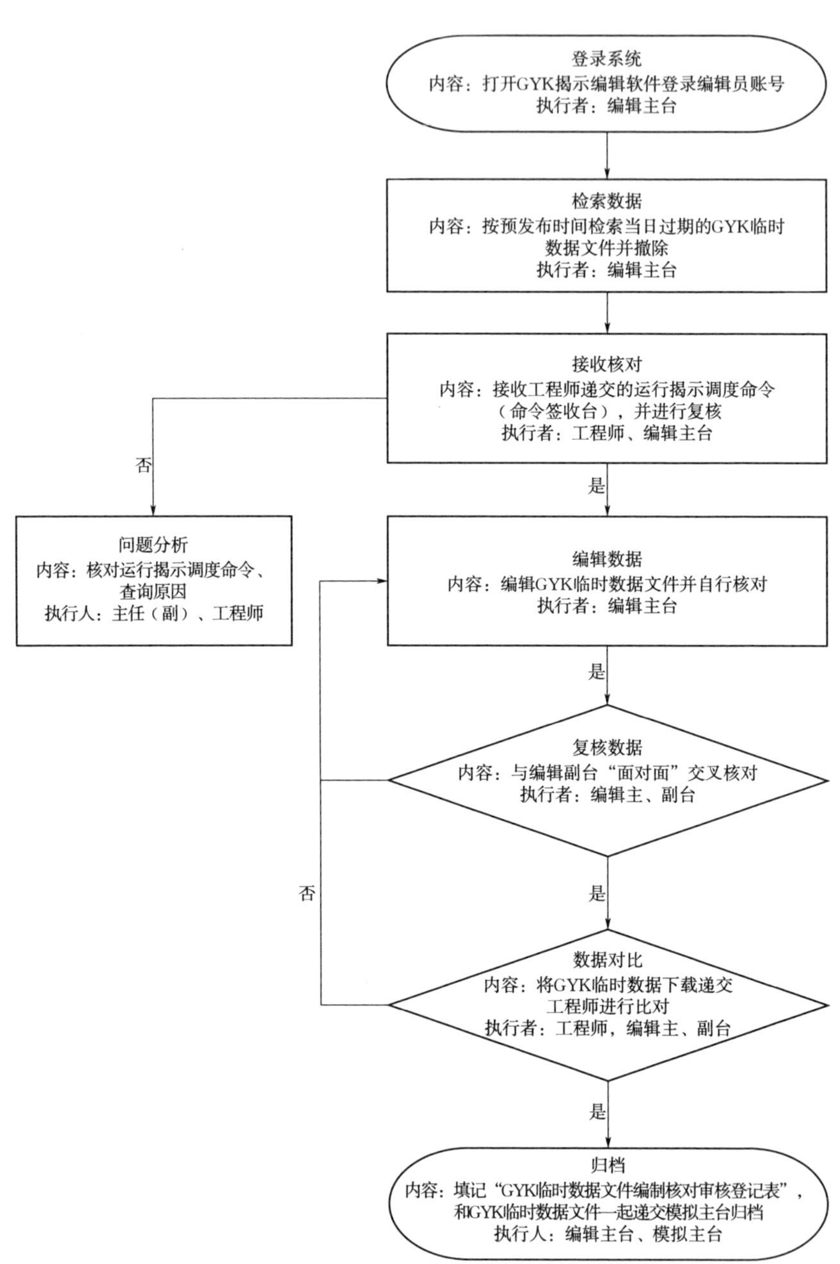

图 4-4　编辑主台作业流程

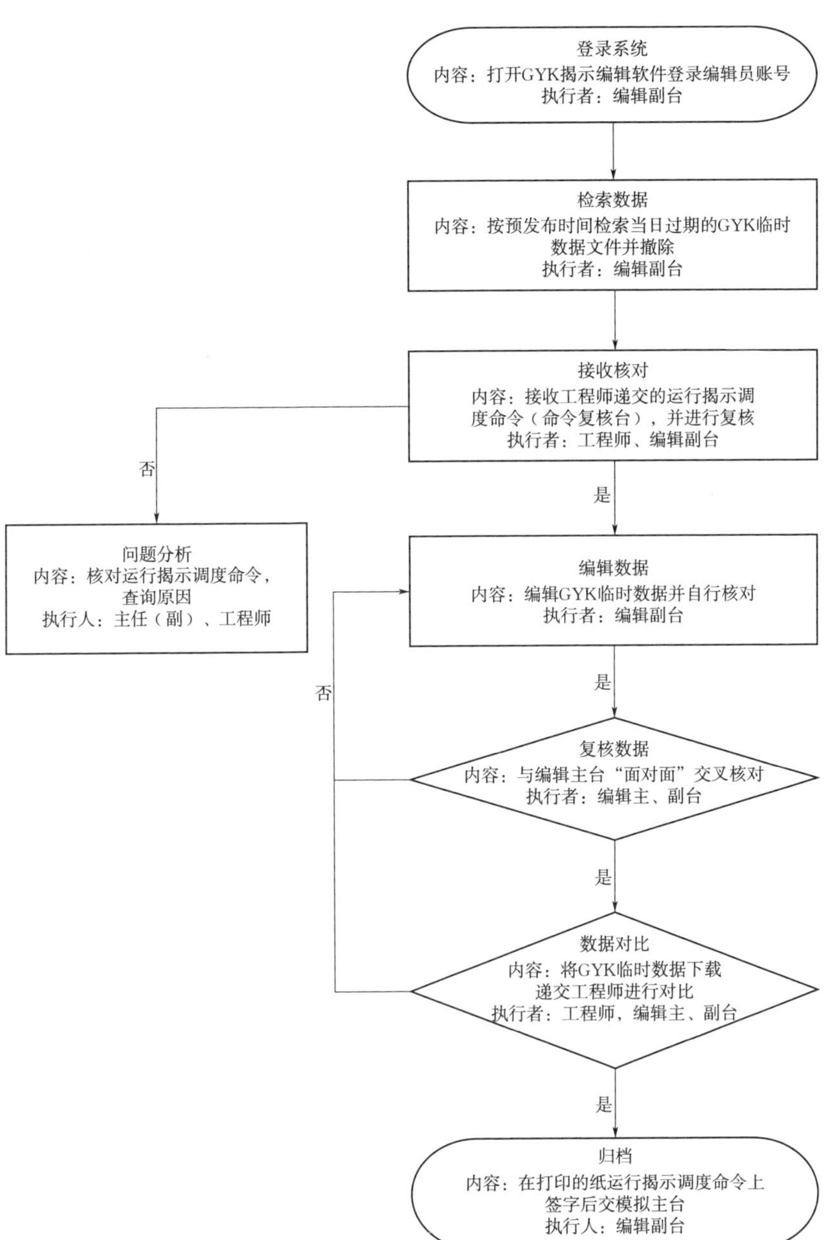

图 4-5　编辑副台作业流程

在编辑路票时，需输入当前站的TMIS站名站号，线路号需输入前方站进站信号机公里标所在的线路号。

(1)调度命令号：编辑依据为运行揭示调度命令上使用的运行揭示调度命令编号。

(2)工务线路号：GYK临时数据文件生效地点所在线路的线路名称，在GYK编制软件预先设置的集团公司管内线路名表中选择。

(3)行别：GYK临时数据文件生效地点所在线路的行别，包括上行、下行、上下行。根据编制依据注明的工务线路行别选择。编制依据未明确为上、下行别（或为单线线路）时，行别按"上下行"选择。

(4)TMIS站名站号：GYK临时数据文件涉及车站或线路所的TMIS编号，根据临时数据文件类型确定。

(5)停基改电：停用基本闭塞改电话闭塞的起始车站TMIS编号。在编辑路票时TMIS站名站号，需输入当前站TMIS站名站号，线路号需输入前方站进站信号机公里标所在的线路号。

(6)绿色许可证：停用的信号机所在车站TMIS编号。

(7)限速：范围为0～80 km/h(高铁线路为0～160 km/h)。根据运行揭示调度命令上对应的限速值编辑。

(8)起始公里标、长链标志：分别为GYK临时数据文件有效范围起始点的线路里程，起始公里标为线路长链时，填写长链标志以注明。

(9)终点公里标、长链标志：分别为GYK临时数据文件有效范围起终点的线路里程，终点公里标为线路长链时，填写长链标志以注明。

(10)起始日期、起始时间、结束日期、结束时间：GYK 临时数据文件有效期的开始日期、时间，结束日期、时间，时间范围为 00 时 00 分 00 秒至 23 时 59 分 59 秒。

①开始时间为 24 点时，开始日期按次日、开始时间按 00 时 00 分 00 秒；结束时间为 24 点时，按 23 时 59 分 59 秒。

②编制依据未明确起始日期、时间（如：自接令时起）时，开始日期取编写当天日期，开始时间取编写时的时间。

③编制依据未明确终止日期、时间（如：另有令时止）时，结束日期、结束时间按当前年份 12 月 31 日 23 时 59 分 59 秒。

(11)主三线：编制依据运行揭示调度命令上无明确注明三线时按主线编辑；注明三线时按管辖电务段相关换装电报解释编辑。

(12)数据类型：指临时数据文件类型。根据编制依据内容确定，包括：临时限速、股道限速、乘降所、停基改电、绿色许可证、特定引导、防汛提示。

(13)时间类型：时间类型包括“每天”“昼夜”。“每天”指起止时间不跨越零点，自起始日至终止日，“每天”的起始时间至终止时间范围内有效；“昼夜”指起止时间跨越零点，自起始日的起始时间至终止日的终止时间范围内连续有效。

时间类型根据 GYK 临时数据文件的有效时间确定：

①对于自起始日至终止日每天的起始时间至终止时间范围内有效的，设置为“每天”。例如：自 4 月 18 日至 4 月 28 日，每日 18 时 18 分至 20 时 18 分限速 45 km/h。

②其他设置为“昼夜”（含当天有效）。例如自 4 月 18 日 18 时 18 分至 20 时 18 分限速 45 km/h；再如自 4 月 18 日 18 时 18 分至 4 月 28 日 20 时 18 分限速 45 km/h。

3. 编辑主、副台作业人员分别编制完成后，依次单击工具栏中的“编译-保存”，GYK 临时数据文件自动保存到：“D 盘/揭示数据 V1.5/编辑数据文件夹”中，文件名为“XA（西安局代码）＋当前年月日时分＋JSB. bin”。

当编辑的揭示数据中同时存在绿证、路票、区间作业数据时，只需要在编辑界面编译一次，不需要在每个界面都进行编译。

4. 编辑副台作业人员登录编辑主台作业人员的编辑软件（用户工号：复核员）。编辑主台作业人员对照编辑副台编制完的纸质 GYK 临时数据文件诵读，编辑副台作业人员对照编辑主台编制完成的电子版 GYK 临时数据文件复诵，达到交叉核对。核对正确后，编辑副台作业人员单击该条在弹出的审核菜单中选择审核通过，做到“编、核分离”，全部核对完毕后保存。

5. 编辑副台作业人员在“GYK 临时数据文件编制核对登记表”“核对人”栏签字。然后登录编辑软件（用户工号：下载员）对核对正确的 GYK 临时数据文件进行下载。单击工具栏中的“写 U 盘”按钮，弹出“生成数据版本”选择窗口，点击“确定”后将列表中的文件写入编辑主台专用转储 U 盘当中，写入完成后有文字提示。以同样的方式将编辑副台编制的 GYK 临时数据进行下载。

6. 编辑主、副台作业人员分别将存储 GYK 临时数据文件的专用转储 U 盘交主管工程师或主任（副），主管工程师或主任（副）打开 GYK 揭示对比软件（V1.0.1），点击工具栏“打开文件 1”，选取编辑主台专用转储 U 盘中的 GYK 临时数据文件，点击“打开”，再点击工具栏“打开文件 2”，选取编辑副台专用转储U盘中的GYK临时数据文件，点击“打开”。然后点击工具栏“比较”进行对比。对比结果一致时，工程师或主任（副）将编辑主台专用转储U盘交模拟主台，将编辑副台专用转储U盘交模拟副台。对比不一致时，工程师或主任（副）立即组织编辑主副台进行分析，按流程重新编辑。

7. 编辑主台作业人员将纸质运行揭示调度命令、GYK临时数据文件交模拟副台作业人员，编辑副台作业人员将“GYK临时数据文件编制核对登记表”交给模拟主台作业人员。

第二十四条 模拟主、副台作业流程，如图4-6和图4-7所示。

1. 模拟主台作业人员对照纸质运行揭示调度命令查找车站号、交路号、TMIS号、公里标等模拟要素。

2. 模拟副台作业人员将编辑副台存储GYK临时数据的专用转储U盘插入“GYK-B软件数据模拟验证装置”左下方USB接口，弹出“检测到合法转储器提示”，依次按压键“2（下载揭示数据）”“1（升级）”“3（关闭）”“查询”“3（计划揭示）”“3（下一页）”直至最后页，与打印的GYK临时数据文件核对有效条数。

3. 模拟副台作业人员将编辑副台存储GYK临时数据的专用转储U盘插入“GYK-B软件数据模拟验证装置”右下方USB接口，打开GYK-B模拟验证系统软件，依次选择：揭示自动验证→读取揭示栏→U盘内GYK临时数据文件→当日新增的GYK临时数据→单条复核→全选→开始测试，模拟验证完成后点击“测试结果”生成PDF文件，模拟副台作业人员确认结果正确，发现问题及时向主管工程师或主任（副）汇报分析，按流程重新编辑、模拟。

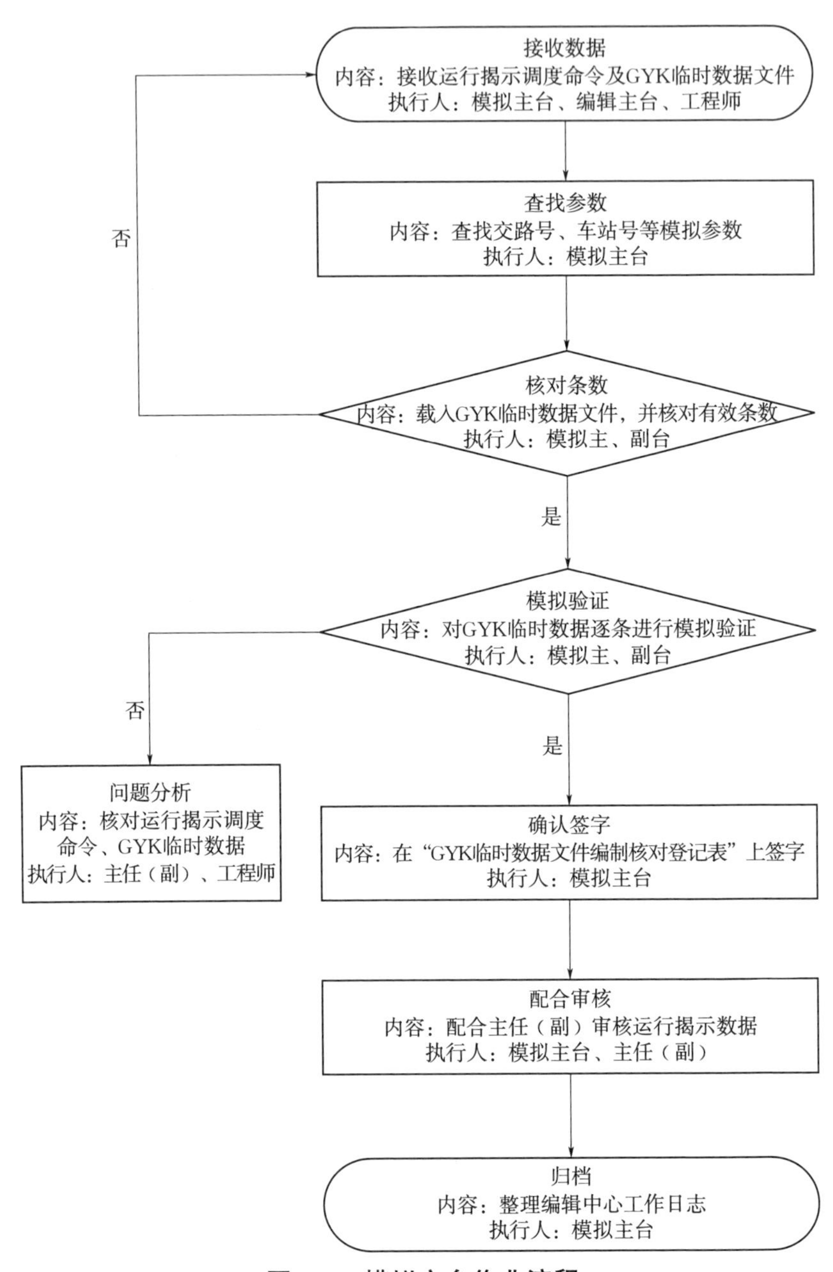

图 4-6　模拟主台作业流程

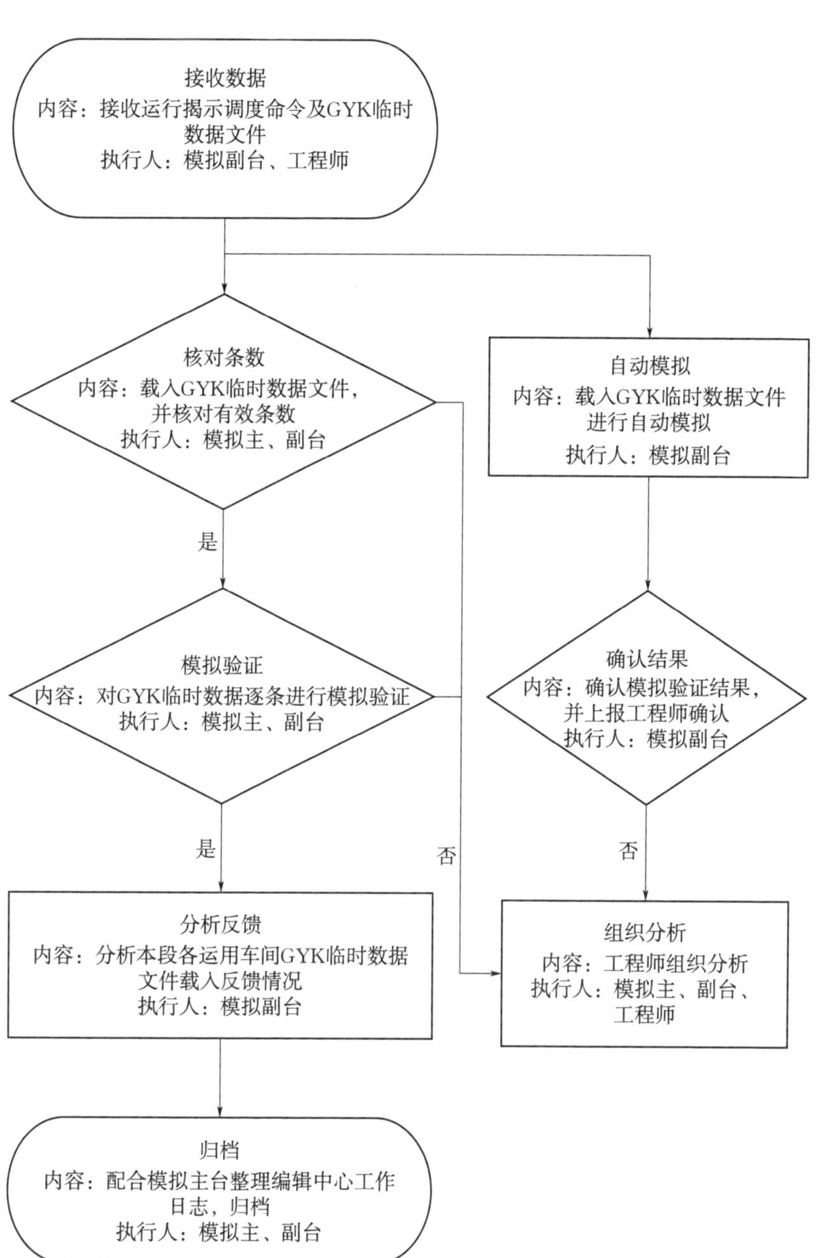

图 4-7　模拟副台作业流程

4. 模拟主台作业人员将编辑主台存储 GYK 临时数据的专用转储 U 盘插入“GYK 模拟运行试验装置”USB 接口，弹出“检测到合法转储器提示”，依次按压键“2(下载揭示数据)”“1(升级)”“3(关闭)”“查询”“3(计划揭示)”“3(下一页)”直至最后页，与打印的 GYK 临时数据文件核对有效条数。

5. 模拟主台作业人员按压“设定”键弹出参数设定界面，依次输入车次→交路→车站号→公里标进行设定，根据运行揭示调度命令起控时间，按压“6(时间)”键更改时间，按压“7(确认)”返回界面。

6. 模拟主台作业人员按压“7(开车)”键对标，并按压右侧“速度＋”或“速度＋＋”(“速度－”或“速度－－”)键调整速度，模拟运行至限速起始地点前，屏幕右上角显示“蓝底计划慢行框”，提示“驶入限速区段，注意限速”，模拟主台作业人员诵读“线别、××站—××站(区间)、行别、里程、限速”，模拟副台作业人员对照运行揭示调度命令进行确认。对于限速里程较长时，适当使用车位＋向前键调整。

7. 模拟主副台作业人员模拟验证正确后将验证结果上报主任(副)，并在“GYK 临时数据文件编制核对登记表”“模拟验证人”栏签字。

第二十五条　审核传递

1. 模拟主台将当日接收的运行揭示调度命令和编制完成的 GYK 临时数据文件，及时送交 GYK 揭示编辑中心主任(副)进行审核。

2. 模拟主台作业人员对照纸质运行揭示调度命令进行诵读，主任(副)逐条对 GYK 临时数据文件进行审核，确认运行揭示内容与运行揭示调度命令一致，并在“运行揭示调度命令接收检索登记表”“审核”栏签名；确认 GYK 临时数据文件的命令号、线名、行别、起始时间、终止时间、起始公里标、限速类型、限速等要素与运行揭示调度命令一致，在“GYK 临时数据文件编制核对登记表”“审核人”一栏签名。

3. 由命令签收台作业人员向各运用单位传递运行揭示调度命令、GYK 临时数据文件、交付揭示并进行确认。

第二十六条　回执核对

1. GYK 揭示编辑中心主管工程师或主任(副)在揭示令流转系统中查询交付确认情况和运用单位回执的“运行揭示及 GYK 临时数据文件确认表”，及时填记“运行揭示及 GYK 临时数据文件传递接收核对登记表”并做好核对。“运行揭示及 GYK 临时数据文件确认表”按日期保存扫描电子档，保存期为一年。

2. 模拟主台作业人员整理《GYK 揭示编辑中心工作日志》，编写日工作小结。

第五章　作业标准

第一节　运行揭示及 GYK 临时数据文件管理标准

第二十七条　按照运行揭示调度命令签收,GYK 临时数据文件编制、核对、模拟验证、审核、传递作业流程,执行标准化作业。

第二十八条　GYK 揭示编辑中心须配备连接铁路办公网的计算机、GYK 模拟验证测试设备、传真机、录音电话、打印机、专用转储 U 盘、应急电源、音视频记录等设备及 GYK 临时数据文件编制软件和 GYK 临时数据文件对比软件。

第二十九条　各运用单位负责向 GYK 揭示编辑中心提供本单位管辖区段范围示意图,在数据发生变化后应及时将最新资料提报 GYK 揭示编辑中心,并注明变化部分。

第三十条　GYK 揭示编辑中心应根据各运用单位提供的管辖区段范围示意图以及集团公司更新的各区段车站顺序表,及时更改“运行揭示调度命令写卡区段站序示意图”等资料(含车站站名、多进路多方向车站说明),并明示。

第三十一条　GYK 揭示编辑中心配备的软件数据测试仪、GYK-B 软件数据模拟验证装置控制软件的基础数据版本须为最新版本,满足 GYK 临时数据文件模拟验证需求。

第三十二条 编制交付揭示时用“▲、△”进行区分，“▲”代表编入 GYK 临时数据文件的运行揭示，“△”代表未编入 GYK 临时数据文件的运行揭示。

第三十三条 运行揭示调度命令开始时间为 24 点时，开始日期按次日、开始时间按 00 时 00 分 00 秒；结束时间为 24 点时，按 23 时 59 分 59 秒；未明确起始时间的，起始时间按接令日期、时间进行编制，开始日期取编写当天日期，开始时间取编写时的时间；起止时间跨年的，按年份拆分编制 GYK 临时数据文件。

第三十四条 运行揭示调度命令中大于等于 80 km/h 的限速在仅适用 GYK 型运行控制设备的 GYK 临时数据文件中不编制；适用 GYK-160 型运行控制设备的 GYK 临时数据文件须编辑小于 160 km/h 的运行揭示调度限速命令。

第三十五条 计划路票、绿色许可证等非正常行车的运行揭示调度命令须纳入 GYK 临时数据文件管理。各运用单位需提前进行模拟验证，并组织司机进行操作培训，掌握操作方法。

第三十六条 对于运行揭示调度命令中限速里程含有对应里程公里时（并线区段），应将对应里程公里同时编制 GYK 临时数据文件。

第三十七条 限速类 GYK 临时数据文件，编制依据未明确行别时，行别按“上下行”编制。

第三十八条 运行揭示调度命令时间类型按照“昼夜、每天”编制 GYK 临时数据文件。

第三十九条 施工封锁前、开通后指定某趟或几趟列车的临时限速，不编制 GYK 临时数据文件，司机按照调度命令要求控制列车速度运行。

第四十条 各运用单位派驻的自轮运转车辆由驻在单位负责传递、下载交付揭示及 GYK 临时数据文件,派驻单位司机负责将 GYK 临时数据文件载入 GYK 设备,对照交付揭示和副司机严格执行"双核对"制度。

第二节 GYK 揭示编辑中心工作标准

第四十一条 GYK 揭示编辑中心作业按照接收检索、编辑复核、模拟验证、审核签发、发布确认、过期撤除的流程进行。

第四十二条 接收运行揭示调度命令。

1. 签收运行揭示调度命令的"铁路运输调度管理系统(TDMS4.0)"和相关设备须 24 h 开机运行。交接班时必须重启应用系统,切换用户,重新登录,以保证责任明确。应指定专人值班,及时接收核对、运行揭示调度命令,不得无故拒绝签收。系统出现问题,应及时向信息技术所反映,并协助解决。

2. 接收人员打印的运行揭示调度命令,与复核人员共同核对,即一人诵读、一人复诵,对运行揭示调度命令全文核对。对无效的调度命令或超出限速范围的运行揭示调度命令,必须与技术资料核对,报 GYK 揭示编辑中心主任(副)审核签认后,方可按无效命令处理,严禁臆测。

3. 确认接收的运行揭示调度命令内容正确,复核人签字后,方可交于编辑人员进行编辑。接收人员填记"运行揭示调度命令接收检索登记表",命令复核人员在核对栏处签字,主任(副)或工程师在审核栏处签字。

4. 编制交付揭示:接收人员对照运行揭示调度命令按照命令号、线名、行别、起始时间、终止时间、开始公里标、结束公里标、限速类型、限速进行编制。

5. 遇特殊情况通过传真方式接收运行揭示调度命令时,使用录音电话与发送方逐字逐句核对命令内容,确认无误后双方互报姓名签收,记录接收时间。对于内容不全、字迹不清晰、格式不标准等不符合规定的运行揭示调度命令,须请求发送方重新发送。

第四十三条 编制交付揭示及 GYK 临时数据文件。

1. 编辑岗位接收到运行揭示调度命令后应认真阅读,熟悉掌握命令内容。

2. 按照运行揭示调度命令内容,编制交付揭示及 GYK 临时数据文件。

3. 编辑岗位使用 GYK 揭示数据编制软件,按照"背对背"原则进行编制,核对完成后做好数据比对工作。

(1)编制 GYK 临时数据文件:运行揭示调度命令需要写入 GYK 临时数据文件时,点击"添加"选项,按照运行揭示调度命令逐项编制"命令号、工务线路号、行别、限速、起始公里标、长链标志、终点公里标、长链标志、起始日期、起始时间、结束日期、结束时间、主三线、时间类型"等要素,并对照运行揭示调度命令进行核对。运行揭示调度命令内容包含 2 条及以上限速时,应逐条编制 GYK 临时数据文件。对照运行揭示调度命令内容逐项确认 GYK 临时数据文件内容,一批次命令编制完成后点击"编译"选项进行自检并做好保存。

(2)GYK 临时数据文件编制过程中遇车站股道限速,在编辑时按照该站进、出站信号机里程进行编辑,选取最外方进(出)站信号机里程进行全站、上下行同时限速。

(3)编辑人员填记"GYK 临时数据文件编制核对登记表",编辑人、核对人、审核人分别签名。

4. 对没有终止期限的运行揭示,结束日期、结束时间按 12 月 31 日 23 时 59 分 59 秒进行编辑,每月最后一天与发令单位核对,次月 1 日 00 时 00 分起重新公布,并登记"无终止期限运行揭示核对、撤除登记表"。

第四十四条 核对运行揭示及 GYK 临时数据文件。

1. 核对运行揭示:须与运行揭示调度命令逐项核对,确认运行揭示内容与运行揭示调度命令文本内容一致。

2. 核对 GYK 临时数据文件:

(1)GYK 临时数据文件实行"一人编制、一人核对",与运行揭示调度命令全部要素逐项核对,确认 GYK 临时数据文件与运行揭示调度命令一致,编制内容齐全正确。

(2)主管工程师将分别编制完成的 GYK 临时数据文件进行对比核对。确认编制的 GYK 临时数据文件齐全、一致、正确。

3. 核对过程中发现编制的 GYK 临时数据文件内容与运行揭示调度命令不一致时,立即报 GYK 揭示编辑中心主任(副),组织分析,解决问题后方可重新编制。

4. 核对正确无误后,将对比完成的 GYK 临时数据文件转交模拟测试人员进行模拟验证。

第四十五条 模拟验证 GYK 临时数据文件。

1. 将 GYK 临时数据文件在 GYK 模拟验证测试设备上进行验证,即一人对照运行揭示调度命令原令诵读,一人操作 GYK 模拟验证测试设备,对新增 GYK 临时数据文件逐条进行核对模拟验证。

2. 模拟测试人员对新增 GYK 临时数据文件进行载入、确认,确保慢行起止日期、时分、区段、限速值准确无误并可正常起控后填记"GYK 临时数据文件编制核对登记表"。

第四十六条 审核运行揭示及 GYK 临时数据文件。

1. GYK 揭示编辑中心将当日接收的运行揭示调度命令和编制完成的运行揭示及 GYK 临时数据文件,及时送交 GYK 揭示编辑中心主任(副)进行审核。

2. GYK 揭示编辑中心主任(副)依据运行揭示调度命令,逐条对 GYK 临时数据文件进行审核,确认数据内容与运行揭示调度命令一致,并在"运行揭示调度命令接收检索审核登记表""审核"栏签名;确认 GYK 临时数据文件的"命令号、线名、行别、起始时间、终止时间、开始公里标、结束公里标、限速类型、限速"等要素与运行揭示调度命令一致,在"GYK 临时数据文件编制核对登记表""审核人"栏签名。

第四十七条 传递运行揭示及 GYK 临时数据文件。

1. 运行揭示及 GYK 临时数据文件经 GYK 揭示编辑中心主任(副)审核后进行揭示传递,确保运行揭示及 GYK 临时数据文件完整、准确传递至各运用单位。未经 GYK 揭示编辑中心主任(副)审核通过,不得向运用单位传递。

2. GYK 揭示编辑中心通过 GYK 揭示流转系统传递运行揭示调度命令、交付揭示及 GYK 临时数据文件时,一人发布、一人确认。

3. 各使用单位接收运行揭示调度命令、交付揭示及 GYK 临时数据文件后认真核对并填写"运行揭示及 GYK 临时数据文件确认表",传真发送至 GYK 揭示编辑中心。

4. GYK 揭示编辑中心收到运用单位回传的确认表后应

对确认情况进行复核，发现异常时，双方按照流程重新办理。

第四十八条 撤除运行揭示及GYK临时数据文件。

GYK揭示编辑中心接到撤除的运行揭示调度命令后，修改前发对应GYK临时数据文件终止日期及时间（接到自接令时起撤除的运行揭示调度命令除外）。按接收检索、编制复核、模拟验证、审核签发、确认发布、过期撤除流程进行，填记“GYK揭示编辑中心工作日志”。

第四十九条 GYK揭示编辑中心须按日将接收的运行揭示调度命令打印汇总，并将填写的“GYK揭示编辑中心工作日志”、打印的运行揭示及GYK临时数据文件一并存档保存。撤除命令与被撤除命令合并装订、保存。编辑当日运行揭示调度命令日统计分析电子档，每月对修改、取消的运行揭示调度命令专门统计、重点分析。上述资料及命令保存期为一年。

第五十条 GYK揭示编辑中心应合理安排作业人员工作时间，确保运行揭示调度命令及时编制发布。夜班接收运行揭示调度命令时，GYK揭示编辑中心立即组织人员按照流程办理。

第三节 GYK揭示编辑中心命令签收（复核）台工作标准与作业指导书

第五十一条 GYK揭示编辑中心命令签收（复核）台工作标准。

1. 向主管工程师汇报身体状况，配合工程师进行班前酒精测试，检查确认电脑及作业记录仪等设备状态，检查网络状态，正常后上岗，有问题及时处理调整。

2. 从生产调度指挥中心签收纸质版及电子版运行揭示调度命令。

3. 将签收的运行揭示调度命令打印两份，二人共同核对。即命令签收台诵读纸质运行揭示调度命令，命令复核台对照电子文档复诵，对运行揭示调度命令全文逐字逐句核对。

4. 特殊情况下通过电话传真接收运行揭示调度命令时，命令签收台人员使用录音电话与发送方逐字逐句核对命令内容，确认无误后双方互报姓名签收，记录好签收时间。对于内容不全、字迹不清晰、格式不标准等不符合规定的运行揭示调度命令，须请求发令单位重新发送。

5. 对运行揭示调度命令有疑问时，立即向主管工程师反馈，确定存在问题时与发令单位联系。

6. 二人核对完毕后，分别对运行揭示调度命令内容进行检索分析，检索完毕交主管工程师审核。

7. 对无效的运行揭示调度命令或明显超出区段范围的，必须与技术资料核对，报 GYK 揭示编辑中心主任(副)审核签认(或自轮运转管理科科长)，方可按无效命令处理，严禁臆测。

8. 每日 12 时 00 分前运行揭示调度命令接收完毕后，12 时 00 分后须重新登录“铁路运输调度管理系统(TDMS4.0)”查看，防止漏签命令。

9. GYK 揭示编辑中心主任(副)下达准予传递指令后，15 时 30 分前向各运用单位传递。

10. 命令复核台对回执结果进行统计，辅助主管工程师填写“运行揭示及 GYK 临时数据文件传递接收核对登记表”，并核对各运用单位回执的“运行揭示及 GYK 临时数据文件确认表”。

11. 将运行揭示调度命令原始命令或传真件、“运行揭示调度命令接收检索登记表”、“运行揭示及 GYK 临时数据文件确认表”统一交模拟主台人员汇总装订。

12. 当日作业流程结束，将作业记录仪音视频文件保存至 GYK 揭示编辑中心专用存储硬盘。

13. 将班中设备、设施整理归位，台账资料摆放整齐，清扫工位环境卫生。

第五十二条 GYK 揭示编辑中心命令签收台作业指导书，见表 5-1。

第五十三条 GYK 揭示编辑中心命令复核台作业指导书，见表 5-2。

表 5-1　GYK 揭示编辑中心命令签收台作业指导书

项　目	作业内容	图　示
1. 命令签收	从生产调度指挥中心领取纸质版及电子版运行揭示调度命令，与调度员共同确认运行揭示调度命令条数，正确后在“运行揭示调度命令接收发放登记表”中“编辑中心领取人”栏签字	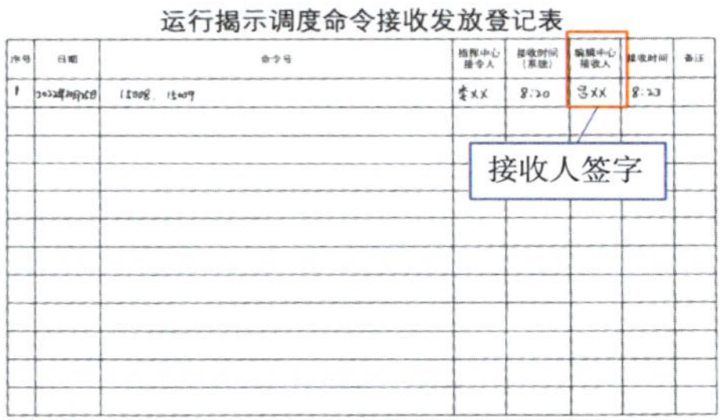 运行揭示调度命令接收发放登记表 接收人签字
2. 命令复核	本台诵读纸质运行揭示调度命令，命令复核台对照电子版运行揭示调度命令复诵。对运行揭示调度命令全文逐字逐句核对，确认命令内容(时间、线别、行别、里程、限速值、区间、标点符号等)正确无误后填写“运行揭示调度命令接收检索登记表”	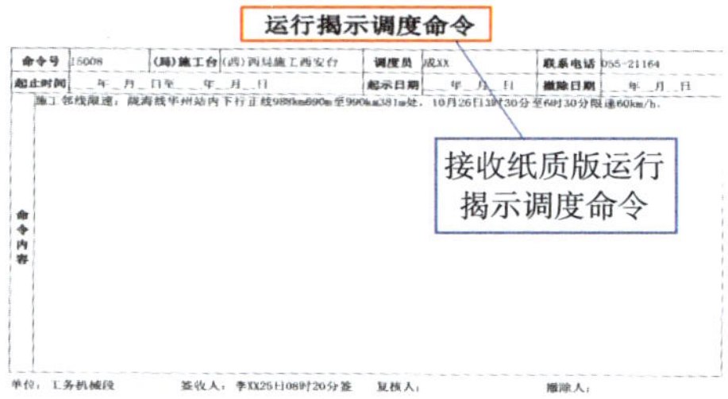 运行揭示调度命令 接收纸质版运行揭示调度命令

续上表

项　　目	作业内容	图　　示
2. 命令复核	对与运行不相关的运行揭示调度命令(如停工令)或超出限速范围(普速铁路≥80 km/h)的运行揭示调度命令,必须与技术资料核对,报编辑中心主任(副)审核签认后,方可按不相关命令处理,严禁臆测。有疑问或错误的运行揭示调度命令报编辑中心主任(副)审核确认,与集团公司调度所施工计划室联系,严禁臆测	运行揭示调度命令接收检索登记表 登记运行揭示调度命令
3. 检索分解	对运行揭示调度命令按照“命令号、线别、行别、起始时间、结束时间、起始公里标、终点公里表、限速类型、限速”等要素逐条进行检索分解条数标注序号,检索完毕自行核对。对普速铁路≥80 km/h 限速的运行揭示调度命令不进行检索分解	运行揭示调度命令 命令号 线别 行别 起止里程 起止时间 限速

续上表

项　　目	作业内容	图　　示
4. 核对检索结果	与命令复核台对各自检索分解的运行揭示调度命令"条数、内容"进行核对，核对正确后在"运行揭示调度命令接收检索登记表""检索"栏签字	运行揭示调度命令 命令签收台检索结果 命令复核台检索结果 运行揭示调度命令 运行揭示调度命令接收检索登记表 "检索"栏签字
5. 递交命令	将检索分解正确的运行揭示调度命令和"运行揭示调度命令接收检索登记表"递交命令复核台	运行揭示调度命令 检索分解正确的运行揭示调度命令 运行揭示调度命令接收检索登记表

续上表

项　　目	作业内容	图　　示
6. 编写交付	对 17 时前过期的交付揭示进行删除，认真核对，防止错删、漏删。更改交付日期，交付揭示有效时段标准：每日 8 时 00 分前接收的运行揭示调度命令，交付揭示的有效时段至次日 4 时 00 分；8 时 00 分至 12 时 00 分间接收的运行揭示调度命令，交付揭示的有效时段至次日 24 时 00 分 编制交付揭示文档时对照运行揭示调度命令按照“命令号、线别、行别、起始时间、终止时间、开始公里标、结束公里标、限速类型、限速”进行编制。编制交付揭示时用“▲、△”进行区分，“▲”代表编入 GYK 临时数据文件的运行揭示，“△”代表未编入 GYK 临时数据文件的运行揭示	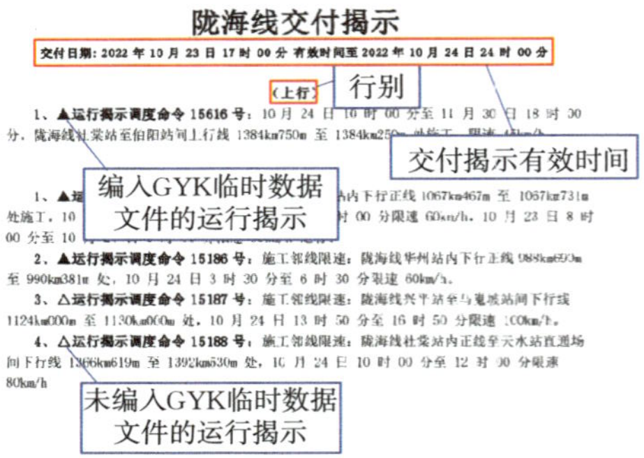 **陇海线交付揭示** 交付日期：2022 年 10 月 23 日 17 时 00 分 有效时间至 2022 年 10 月 24 日 24 时 00 分 （上行）　行别 1、▲运行揭示调度命令 15616 号：10 月 24 日 10 时 00 分至 11 月 30 日 18 时 30 分，陇海线社棠站至伯阳站间上行线 1384km750m 至 1384km250m…… 交付揭示有效时间 编入GYK临时数据文件的运行揭示 1、▲……站内下行正线 1067km467m 至 1067km731m 处施工，10……时 00 分限速 60km/h。10 月 23 日 8 时 00 分至 10…… 2、▲运行揭示调度命令 15186 号：施工邻线限速：陇海线华州站内下行正线 988km693m 至 990km381m 处，10 月 24 日 3 时 30 分至 6 时 30 分限速 60km/h。 3、△运行揭示调度命令 15187 号：施工邻线限速：陇海线兴平站至马嵬坡站间下行线 1124km000m 至 1130km000m 处，10 月 24 日 13 时 50 分至 16 时 50 分限速 100km/h。 4、△运行揭示调度命令 15188 号：施工邻线限速：陇海线社棠站内正线至天水站直通场间下行线 1366km619m 至 1392km530m 处，10 月 24 日 10 时 00 分至 12 时 00 分限速 80km/h 未编入GYK临时数据文件的运行揭示

续上表

项　　目	作业内容	图　　示
6. 编写交付	交付揭示编制完成后将“.doc”格式转换为PDF格式	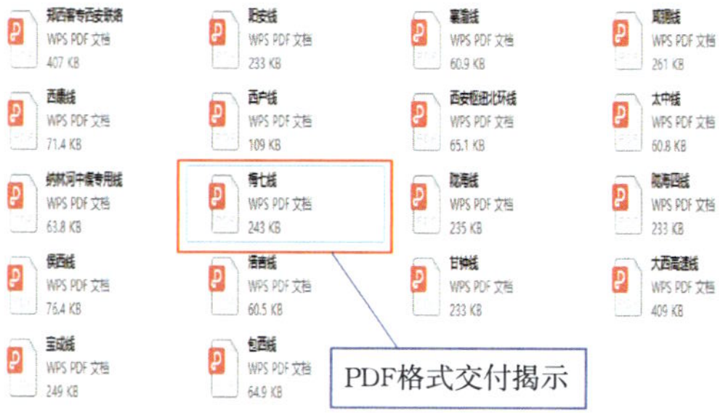 PDF格式交付揭示
7. 复核交付	配合主任(副)对编制好的交付揭示文档对照运行揭示调度命令,按照“命令号、线别、行别、起始时间、终止时间、开始公里标、结束公里标、限速类型、限速”以及当日编入或未编入GYK临时数据文件的运行揭示,逐条进行审核	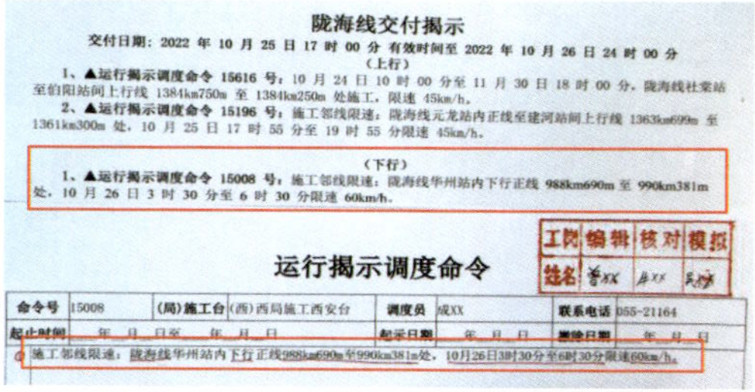

续上表

项　　目	作业内容	图　　示
8. 揭示汇总	接收模拟主台递交存储 GYK 临时数据文件的 U 盘。将运行揭示调度命令、交付揭示文档、GYK 临时数据文件汇总一文件夹，以“×月×日运行揭示令”进行命名后添加成压缩包	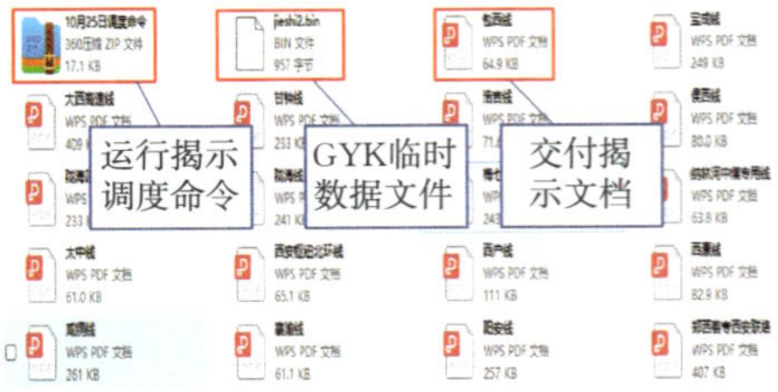 运行揭示调度命令 GYK临时数据文件 交付揭示文档
9. 数据发布	在编辑中心主任(副)同意发布后，于 15 时 30 分前与命令复核台共同确认，利用揭示令流转系统传递给各单位。未经编辑中心主任(副)审核同意，不得向运用单位传递	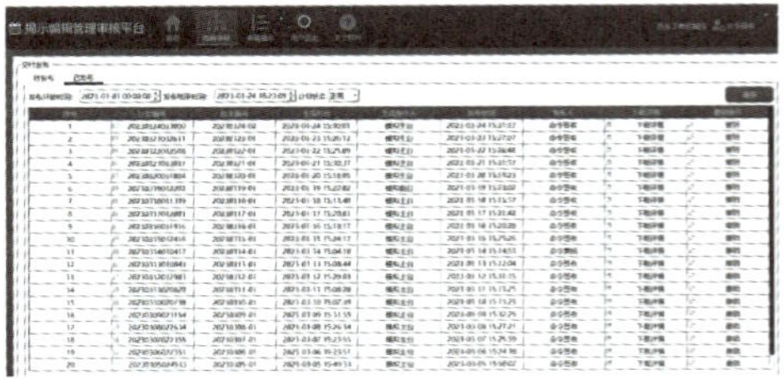

表 5-2　GYK 揭示编辑中心命令复核台作业指导书

项　　目	作业内容	图　　示
1. 接收命令	接收命令签收台从指挥中心签收的运行揭示调度命令	15475.pdf 15474.pdf 15639.pdf 15010.pdf 15473.pdf 15309.pdf 15008.pdf 纸质版运行揭示调度命令 电子版运行揭示调度命令 运行揭示调度命令
2. 命令复核	命令签收台对照纸质的运行揭示调度命令诵读，本台对照电子版运行揭示调度命令复诵，对运行揭示调度命令全文逐字逐句核对，确认命令内容正确无误后在纸质运行揭示调度命令“复核人”栏签字。对有疑问的运行揭示调度命令报编辑中心主任（副）审核确认	运行揭示调度命令 签字确认

续上表

项　　目	作业内容	图　　示
3. 检索分解	对运行揭示调度命令按照“命令号、线别、行别、起始时间、结束时间、起始公里标、终点公里标、限速类型、限速”等要素逐条进行检索分解并标注序号，检索完毕自行核对	运行揭示调度命令 命令号 线别　行别　起止里程　起止时间　限速
4. 核对检索结果	与命令签收台对各自分解检索的运行揭示调度命令进行核对，确认“检索内容、临时数据条数”一致。在“运行揭示调度命令接收检索登记表”“核对”栏签字	运行揭示调度命令接收检索登记表 核对检索结果签字

项　　目	作业内容	图　　示
5. 递交命令	将检索分解正确的运行揭示调度命令和“运行揭示调度命令接收检索登记表”交主管工程师或主任(副)审核	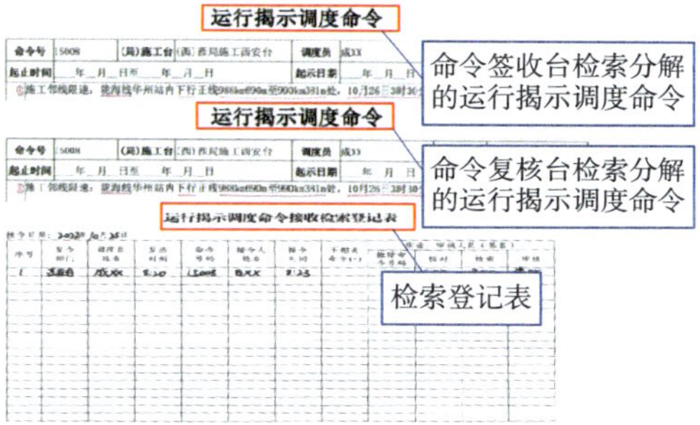 运行揭示调度命令 命令签收台检索分解的运行揭示调度命令 运行揭示调度命令 命令复核台检索分解的运行揭示调度命令 运行揭示调度命令接收检索登记表 检索登记表
6. 确认发布	与命令签收台将编辑、模拟审核正确的运行揭示调度命令、交付揭示及 GYK 临时数据文件添加压缩包,共同确认传递至各单位	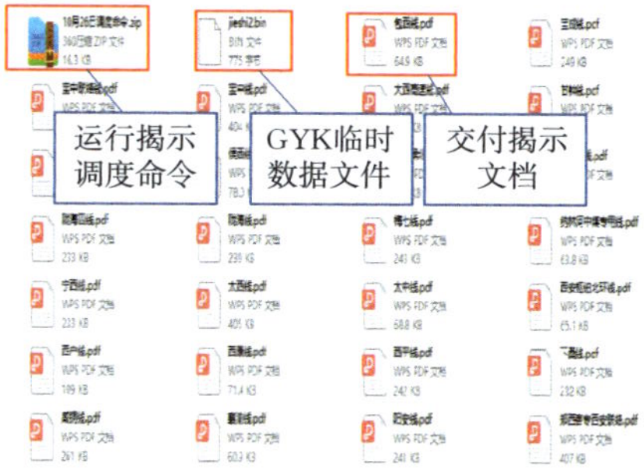 运行揭示调度命令 GYK临时数据文件 交付揭示文档

续上表

项　　目	作业内容	图　　示
7. 归档	辅助工程师查看各单位交付确认情况和回执的“运行揭示及 GYK 临时数据文件确认表”，并填写“运行揭示及 GYK 临时数据文件传递接收核对登记表”	运行揭示及 GYK 临时数据文件确认表 运行揭示及 GYK 临时数据文件传递接收核对登记表 各单位反馈情况

第四节　GYK 揭示编辑中心编辑主、副台工作标准与作业指导书

第五十四条　GYK 揭示编辑中心编辑主、副台工作标准

1. 向主管工程师汇报身体状况、配合工程师进行班前酒精测试、检查确认电脑及作业记录仪等设备状态、检查网络状态，正常后上岗，有问题及时处理调整。

2. 确认运行揭示调度命令检索分解正确，按照编辑标准检索当日过期的 GYK 临时数据、编制新增的 GYK 临时数据文件。遇无终止期限运行揭示调度命令时，结束日期按 12 月 31 日 23 时 59 分 59 秒编辑并登记“无终止期限运行揭示核对、撤除登记表”。

3. 使用 GYK 临时数据文件编制软件，按照“背对背”原则进行编制。

(1)编制 GYK 临时数据文件时，点击“添加”选项，对照运行揭示调度命令按照“命令号、工务线路号、行别、TMIS 站名站号、限速、起始公里标、长链标志、终点公里标、长链标志、起始日期、起始时间、结束日期、结束时间、主三线、时间类型”进行编制，并对照运行揭示调度命令进行核对。运行揭示调度命令内容包含两条及以上限速时，应逐条编制 GYK 临时数据文件。对照运行揭示调度命令内容逐项确认 GYK 临时数据文件内容，一批次命令编制完成后点击“编译”选项进行自检并做好保存。

(2)GYK 临时数据文件编制过程中遇车站股道限速，在

编辑时按照该站进、出站信号机里程进行编辑，选取最外方进(出)站信号机里程进行全站、上下行同时限速。

(3)路票、绿色许可证等非正常行车的运行揭示调度命令须纳入GYK临时数据文件管理。

4. 编辑主、副台人员对编制完成的GYK临时数据文件对照纸质运行揭示调度命令进行交叉核对，做到“编、核分离”。核对完成后，认真填写“GYK临时数据文件编制核对登记表”。并将编好的GYK临时数据文件下载交主管工程师比对验证，确保数据文件齐全、一致。比对结果不正确时，主管工程师立即组织分析，按流程重新编辑。

5. GYK临时数据文件对比正确无误后，将GYK临时数据文件转交模拟人员。

6. 当日作业流程结束，将作业记录仪音视频文件保存至GYK揭示编辑中心专用存储硬盘。

7. 将班中设备、设施整理归位，台账资料摆放整齐，清扫工位环境卫生。

第五十五条 GYK揭示编辑中心编辑主台作业指导书，见表5-3。

第五十六条 GYK揭示编辑中心编辑副台作业指导书，见表5-4。

表 5-3　GYK 揭示编辑中心编辑主台作业指导书

项　　目	作业内容	图　　示
1. 检索数据	使用编辑员账号密码登录“GYK 揭示数据编辑软件(V1.5.0)”，检索当日 17 时 00 分(含)前过期的运行揭示调度命令(按预发布时间检索当日过期的运行揭示调度命令)，做好记录，核对正确后，单击工具栏中的“删除”按钮，逐条删除所选中的 GYK 临时数据。在纸质的运行揭示调度命令上“撤除日期、撤除人”处签字	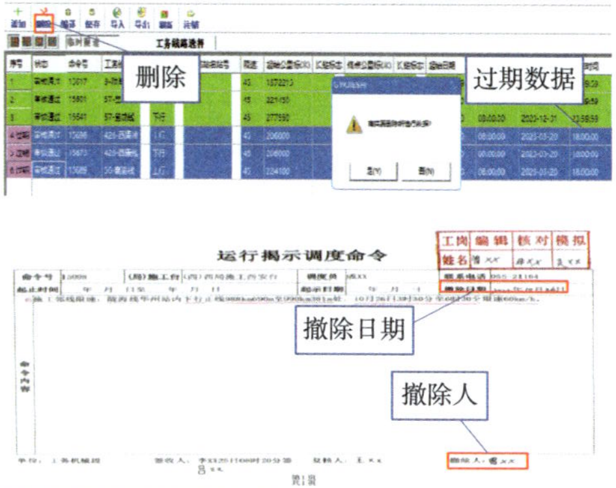 删除 过期数据 运行揭示调度命令 撤除日期 撤除人
	对无终止期限的运行揭示调度命令，每月最后一天与发令单位核对，登录集团公司施工管理办公室下载并打印“施工慢行计划统计表”，由编辑副台诵读计划揭示内容，编辑主台复诵电子版的 GYK 临时数据，核对完毕在“无终止期限运行揭示核对、撤除登记表”中“按月核对时间”、“核对人”处签字。次月 1 日 00 时 00 分起重新公布	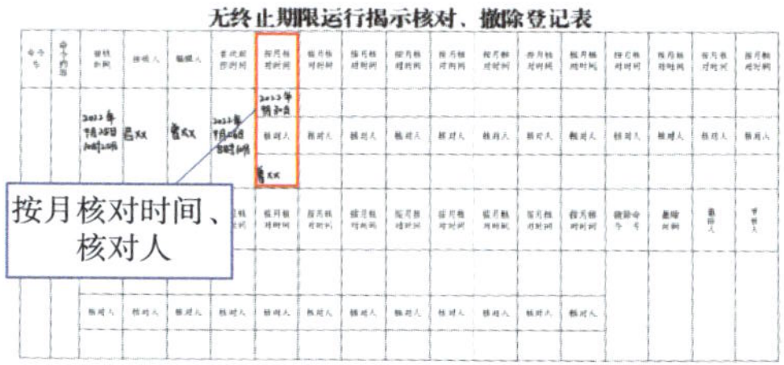 无终止期限运行揭示核对、撤除登记表 按月核对时间、核对人

续上表

项　　目	作业内容	图　　示
2. 接收核对	接收工程师递交的运行揭示调度命令(命令签收台检索分解的),并对运行揭示调度命令检索的条数、内容进行复核,核对完毕进行编辑	 运行揭示调度命令
3. 编辑数据	编制临时限速类 GYK 临时数据文件时,选择“慢”,再点击“添加”选项,编辑列表自动生成一条新的 GYK 临时数据编辑条,对照运行揭示调度命令按照“命令号、工务线路号、行别、TMIS 站名站号、限速、起始公里标、长链标志、终点公里标、长链标志、起始日期、起始时间、结束日期、结束时间、主三线、时间类型”进行编制	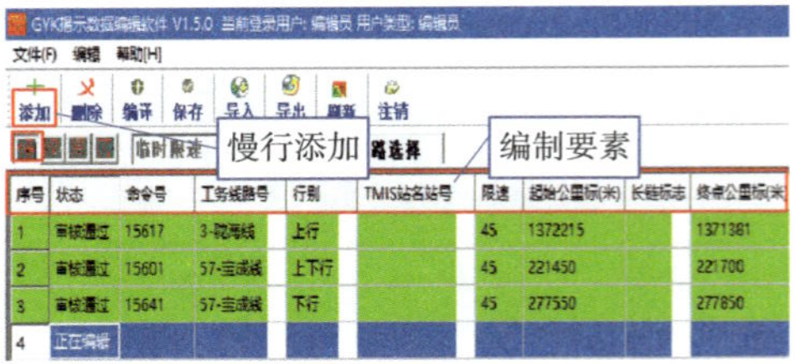 慢行添加 编制要素

<table>
<tr><th>项　　目</th><th>作业内容</th><th>图　　示</th></tr>
<tr><td rowspan="3">3. 编辑数据</td><td>编制绿色许可证类 GYK 临时数据文件时，选择“绿”再点击“添加”选项，对照运行揭示调度命令按照命令号、工务线路号、行别、TMIS 站名站号（停用的信号机所在车站）、限速、起始日期、起始时间、结束日期、结束时间、主三线、时间类型”进行编制</td><td>
</td></tr>
<tr><td>编制路票类 GYK 临时数据文件时，选择“票”再点击“添加”选项，对照运行揭示调度命令按照命令号、工务线路号、行别、TMIS 站名站号（当前站）、限速、进站公里标（前方站）、起始日期、起始时间、结束日期、结束时间、主三线、时间类型”进行编制</td><td>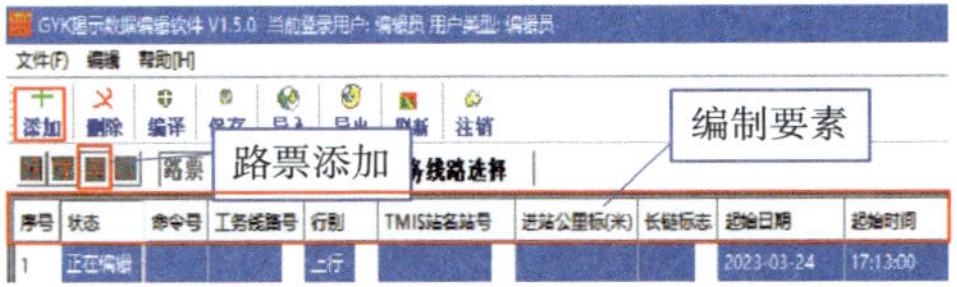
</td></tr>
<tr><td>编制完一条 GYK 临时数据，在“GYK 临时数据文件编制核对登记表”登记一条，全部编制完成后，依次单击工具栏中的“编译-保存”，GYK 临时数据文件自动保存到：“D 盘/揭示数据 V1. 5/编辑数据文件夹”。同时在“GYK 临时数据文件编制核对登记表”“编制人”栏签字</td><td>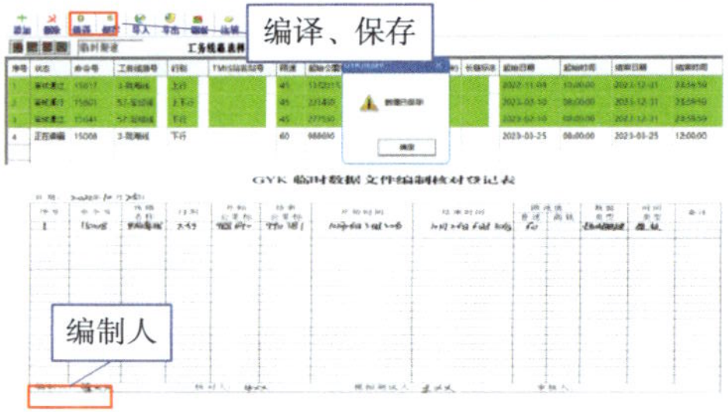
</td></tr>
</table>

续上表

项　　目	作业内容	图　　示
4. 复核数据	编辑副台在编辑主台电脑上以“复核员”账号密码登录编辑软件。编辑主台诵读编辑副台编制的纸质 GYK 临时数据文件，编辑副台对照编辑主台编制的电子版 GYK 临时数据文件复诵。核对正确后，编辑副台单击该条在弹出的审核菜单中选择审核通过，全部核对完毕后单击工具栏中的“保存”并在“GYK 临时数据文件编制核对登记表”“核对人”栏签字	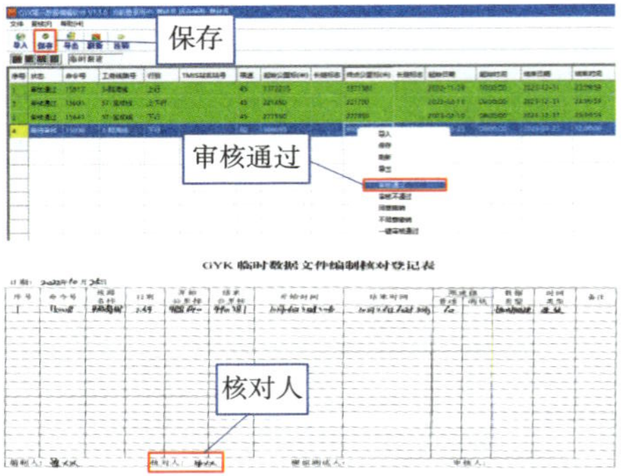
5. 数据对比	打开编辑软件登录“下载员”账号，将核对正确的 GYK 临时数据进行下载。单击工具栏中的“写 U 盘”按钮，弹出“生成数据版本”选择窗口，点击“确定”后将列表中的文件写入专用专储 U 盘当中，并递交工程师或主任(副)	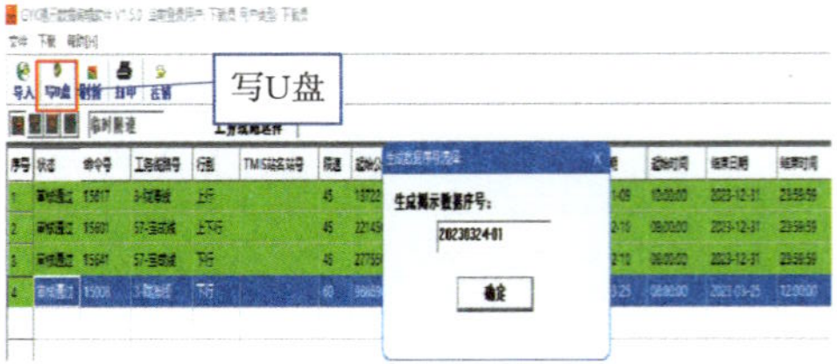

续上表

项　　目	作业内容	图　　示
5. 数据对比	工程师或主任（副）打开“GYK揭示对比软件（V1.0.1）”，点击工具栏“打开文件1”，选取编辑主台专用专储U盘中的GYK临时数据文件打开，再点击工具栏“打开文件2”，选取编辑副台专用专储U盘中的GYK临时数据文件打开，然后点击工具栏“比较”进行对比	数据对比
6. 归档	在纸质运行揭示调度命令上加盖工作专用章，同时在“编辑”栏签字。将整理完毕的“GYK临时数据文件编制核对登记表”、纸质运行揭示调度命令、GYK临时数据文件汇总统一交模拟主台	运行揭示调度命令 编辑栏签字

表 5-4　GYK 揭示编辑中心编辑副台作业指导书

项　　目	作业内容	图　　示
1. 检索数据	登陆“GYK 揭示数据编辑软件”，检索当日 17 时 00 分(含)前过期的运行揭示调度命令(按预发布时间检索当日过期的运行揭示调度命令)，做好记录，核对正确后，单击工具栏中的“删除”按钮，删除所选中的 GYK 临时数据。配合编辑主台核对无终止期限的运行揭示调度命令	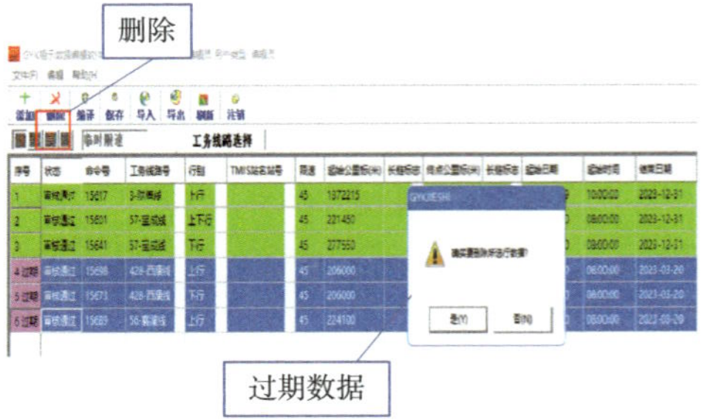 删除 过期数据
2. 接收核对	接收工程师递交的运行揭示调度命令(命令复核台检索)，并对运行揭示调度命令检索的条数、内容进行复核，核对完毕进行编辑	 运行揭示调度命令

续上表

项　　目	作业内容	图　　示
3. 编辑数据	编制临时限速类 GYK 临时数据文件时，选择“慢”，再点击“添加”选项，编辑列表自动生成一条新的 GYK 临时数据编辑条，对照运行揭示调度命令按照“命令号、工务线路号、行别、TMIS 站名站号、限速、起始公里标、长链标志、终点公里标、长链标志、起始日期、起始时间、结束日期、结束时间、主三线、时间类型”编制	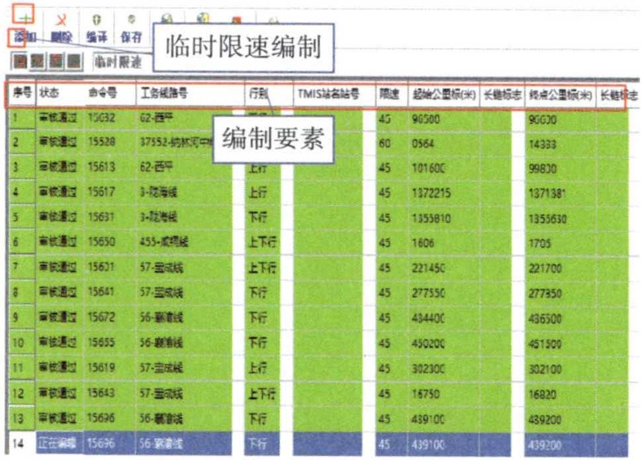
	编制绿色许可证类 GYK 临时数据文件时，选择“绿”再点击“添加”选项，对照运行揭示调度命令按照命令号、工务线路号、行别、TMIS 站名站号(停用的信号机所在车站)、限速、起始日期、起始时间、结束日期、结束时间、主三线、时间类型”进行编制	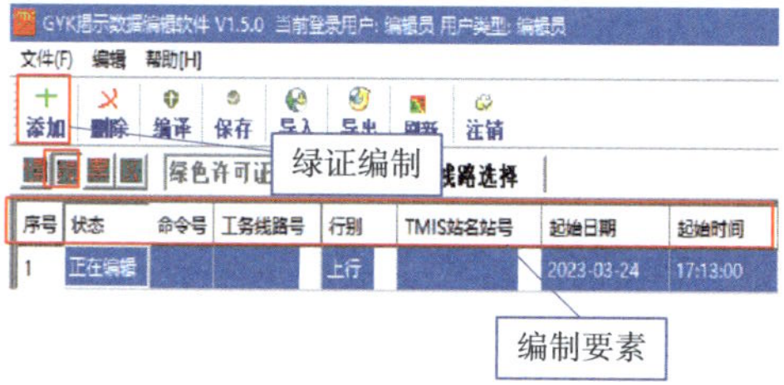

续上表

项　　目	作业内容	图　　示
3. 编辑数据	编制路票类 GYK 临时数据文件时,选择“票”再点击“添加”选项,对照运行揭示调度命令按照“命令号、工务线路号、行别、TMIS 站名站号(当前站)、限速、进站公里标(前方站)、起始日期、起始时间、结束日期、结束时间、主三线、时间类型”进行编制	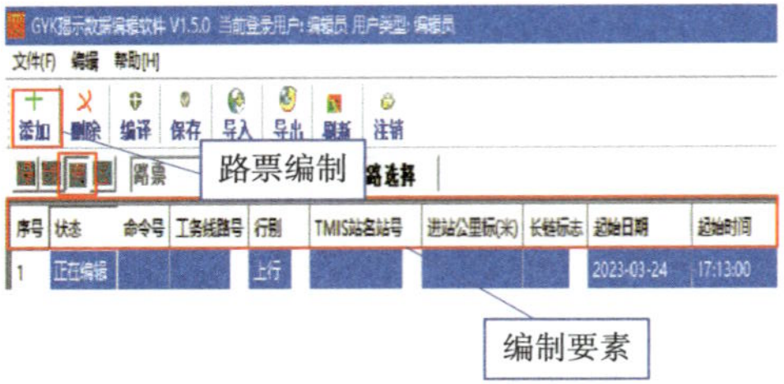 路票编制 编制要素
	全部编制完成后,依次单击工具栏中的“编译-保存”,GYK 临时数据文件自动保存到:“D 盘/揭示数据 V1.5/编辑数据文件夹”	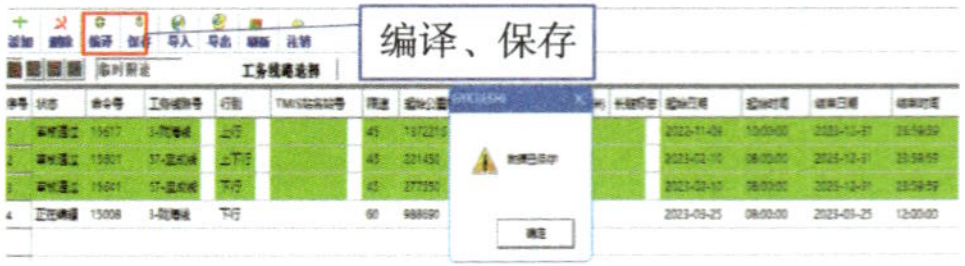 编译、保存

续上表

项　目	作业内容	图　示
4. 复核数据	与编辑主台面对面进行核对：本台在编辑主台电脑上打开编辑软件，登录“复核员”账号进入。编辑主台使用本台编制的纸质 GYK 临时数据诵读，本台对照编辑主台编制的电子版 GYK 临时数据复诵，达到交叉核对。核对正确后，本台单击该条在弹出的审核菜单中选择审核通过，做到“编、核”分离，全部核对完毕后，单击工具栏中的“保存”并在“GYK 临时数据文件编制核对登记表”“核对人”栏签字	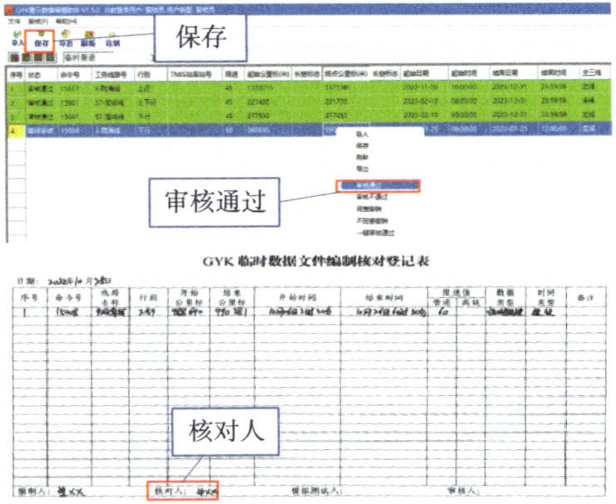 保存 审核通过 GYK 临时数据文件编制核对登记表 核对人
5. 数据对比	打开编辑软件登录“下载员”账号进入，将核对正确的 GYK 临时数据进行下载。单击工具栏中的“写 U 盘”按钮，弹出“生成数据版本”选择窗口，点击“确定”后将列表中的文件写入专用转储 U 盘当中。将下载 GYK 临时数据文件的专用转储 U 盘交由工程师或主任(副)	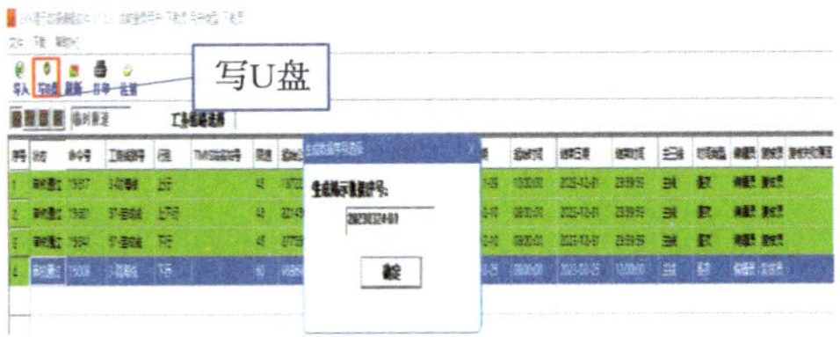 写U盘

续上表

项　　目	作业内容	图　　示
5. 数据对比	工程师或主任（副）打开 GYK 揭示对比软件（V1.0.1），点击工具栏“打开文件 1”，选取编辑主台专用转储 U 盘中的 GYK 临时数据文件，再点击工具栏“打开文件 2”，选取编辑副台专用转储 U 盘中的 GYK 临时数据文件，然后点击工具栏“比较”进行对比	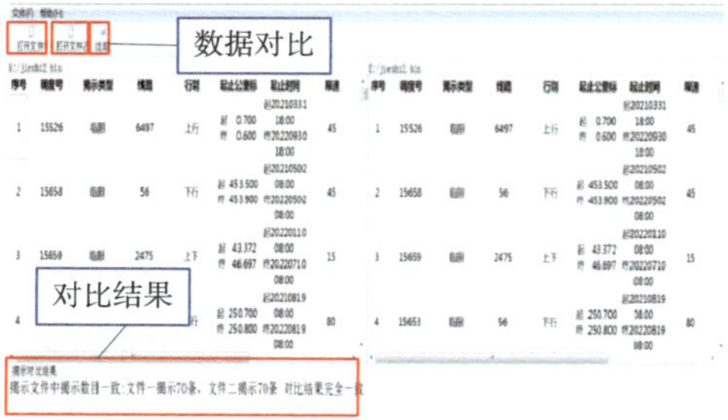 数据对比 对比结果
6. 归档	在纸质运行揭示调度命令“核对”栏签字，将运行揭示调度命令交模拟主台	 运行揭示调度命令 核对栏签字

第五节 GYK揭示编辑中心模拟主、副台工作标准与作业指导书

第五十七条 GYK揭示编辑中心模拟主、副台工作标准

1. 向主管工程师汇报身体状况，配合工程师进行班前酒精测试，检查确认电脑及作业记录仪等设备状态、检查网络状态，正常后上岗，有问题及时处理调整。

2. 将GYK临时数据文件载入模拟验证设备，主、副台共同在模拟验证设备上进行验证，副台对照运行揭示调度命令，主台操作GYK模拟验证设备，对新增GYK临时数据文件逐条进行验证。

(1)行别为“上下行”的GYK临时数据文件，按上行、下行分别进行模拟验证。

(2)限速类GYK临时数据文件，模拟运行至限速起始地点，确认限速值下降至控制目标值，模拟运行越过终点公里标，直至限速值恢复，对于限速里程较长时，适当使用【车位+向前】键调整。

(3)对绿色许可证、路票类GYK临时数据文件须运行全区段模拟验证。

3. 模拟验证过程中有疑问时，立即向主管工程师反馈，并做好问题分析，重新模拟验证。

4. 对新增GYK临时数据文件模拟准确无误后，在“GYK临时数据文件编制核对登记表”上签名确认。

5. 模拟完毕后，配合主任(副)对交付揭示、GYK临时数

据文件、运行揭示调度命令进行核对确认，由模拟主台人员对照运行揭示调度命令逐条诵读，主任(副)对照临时数据及交付揭示逐条复核，并对“GYK 揭示编辑中心工作日志”进行整理。

6. 模拟副台对编辑中心所在单位的 GYK 临时数据文件载入反馈资料进行分析汇总。

7. 当日作业流程结束，将作业记录仪音视频文件保存至 GYK 揭示编辑中心专用存储硬盘做好保存。

8. 将班中设备、设施整理归位，资料摆放整齐，清扫工位环境卫生。

第五十八条 GYK 揭示编辑中心模拟主台作业指导书，见表 5-5。

第五十九条 GYK 揭示编辑中心模拟副台作业指导书，见表 5-6。

表 5-5　GYK 揭示编辑中心模拟主台作业指导书

项　　目	作业内容	图　　示
1. 接收数据	接收工程师转交的纸质运行揭示调度命令及存储 GYK 临时数据文件的专用转储 U 盘（编辑主台编辑的数据）	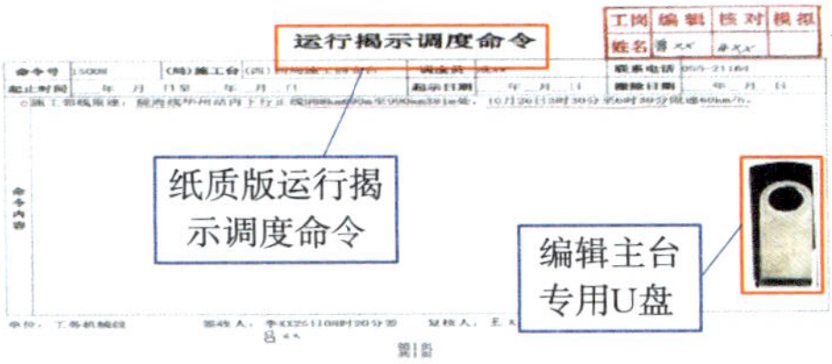 运行揭示调度命令 纸质版运行揭示调度命令 编辑主台专用U盘
2. 查找参数	对照运行揭示调度命令在“车站信息表”中查找相关车站的“交路号、车站号、对标公里标、行别”等模拟要素	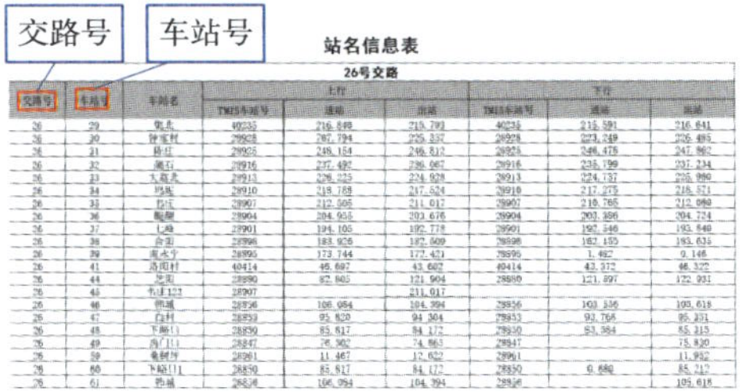 交路号 车站号 站名信息表 26号交路

续上表

项　　目	作业内容	图　　示
3. 核对条数	将专用转储 U 盘插入“GYK 模拟运行试验装置”USB 接口，弹出“检测到合法转储器提示”，依次按压“2(下载揭示数据)”“1(升级)”“3(关闭)”“查询”“3(计划揭示)”“3(下一页)”直至最后页，与打印的 GYK 临时数据文件核对有效条数	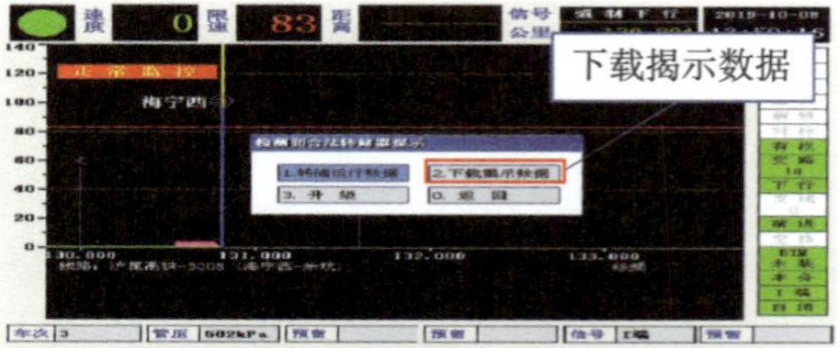 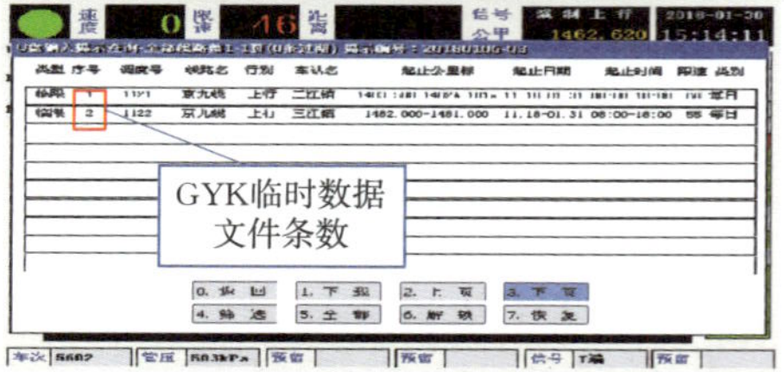 下载揭示数据 GYK临时数据文件条数
4. 模拟验证	按压“设定”键弹出参数设定界面，依次输入“车次、交路、车站号、公里标”进行设定，根据运行揭示调度命令起控时间，按压“6(时间)”键更改时间，按压“7(确认)”返回界面；遇路票、绿色许可证行车时，按照 GYK 模拟运行试验装置提示进行操作	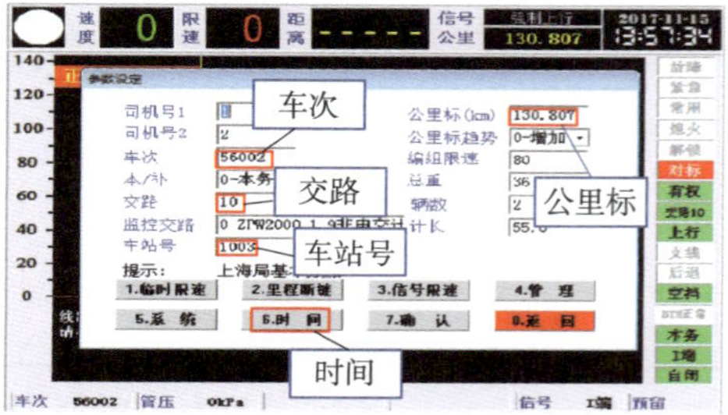 车次 交路 车站号 公里标 时间

续上表

项　　目	作业内容	图　　示
4. 模拟验证	按压“7(开车)”键对标,并按压右侧“速度＋”或“速度＋＋”(“速度－”或“速度－－”)键调整速度,模拟运行至限速起始地点前,屏幕右上角显示“蓝底计划慢行框”,提示“驶入限速区段,注意限速”,诵读“线别、××站至××站(区间)、行别、里程、限速”,模拟副台作业人员对照运行揭示调度命令进行确认。对于限速里程较长时,适当使用车位＋向前键调整(路票、绿色许可证模拟运行时,需完成整个区间的模拟运行)	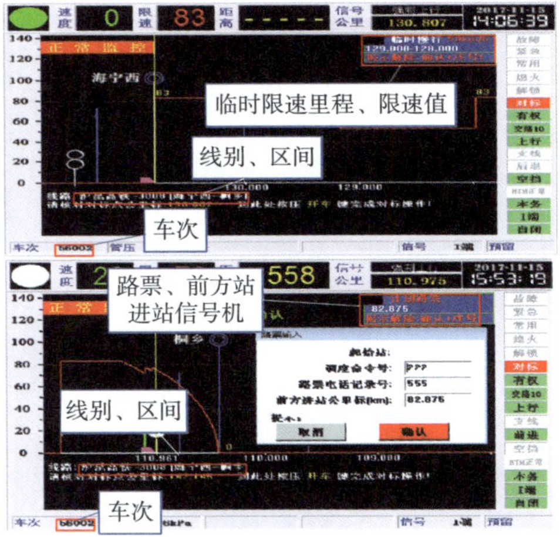
5. 确认签字	与模拟副台核对正确后,在运行揭示调度命令“模拟”栏签字。有疑问时,向工程师报告,组织分析。全部模拟完成后,在“GYK 临时数据文件编制核对登记表”模拟测试人处签字	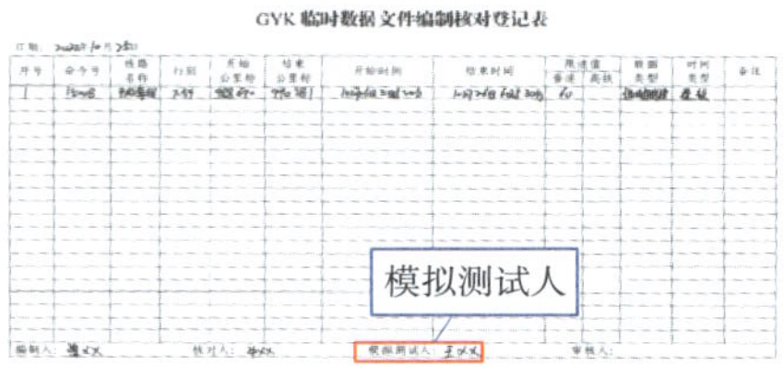

续上表

项　　目	作业内容	图　　示
6. 配合审核	配合主任(副)审核。诵读运行揭示调度命令,主任(副)核对 GYK 临时数据	临时限速 审核GYK临时数据文件 运行揭示调度命令 诵读运行揭示调度命令
7. 归档	整理编辑中心工作日志。“运行揭示调度命令接收检索登记表”、“GYK 临时数据文件编制核对登记表”、“运行揭示及 GYK 临时数据文件传递接收核对登记表”、打印编辑主台的编辑的 GYK 临时数据文件、“运行揭示及 GYK 临时数据文件确认表”、运行揭示调度命令等进行装订,并整理编辑中心日志(电子版)相关数据	GYK 揭示编辑中心 工作日志 2023 年 3 月 24 日

表 5-6　GYK 揭示编辑中心模拟副台作业指导书

项　目	作业内容	图　示
1. 接收数据	接收工程师转交的纸质运行揭示调度命令及存储编辑副台编辑的 GYK 临时数据文件专用转储 U 盘	运行揭示调度命令 接收的纸质版运行揭示调度命令
2. 自动模拟	将编辑副台存储 GYK 临时数据文件的专用转储 U 盘插入“GYK-B 软件数据模拟验证装置”左下方 USB 接口，弹出“检测到合法转储器提示”，依次按压“2(下载揭示数据)”“1(升级)”“3(关闭)”“查询”“3(计划揭示)”“3(下一页)”直至最后页，核对有效条数	数据下载 揭示自动验证

续上表

项　　目	作业内容	图　　示
2. 自动模拟	编辑副台存储 GYK 临时数据的专用转储 U 盘插入“GYK-B 软件数据模拟验证装置”右下方 USB 接口，打开 GYK-B 模拟验证系统软件，依次选择：揭示自动验证→读取揭示栏→U 盘内 GYK 临时数据文件→当日新增的 GYK 临时数据→单条复核→全选→开始测试，模拟验证完成后点击“测试结果”生成 PDF 文件，模拟副台作业人员确认结果正确，发现问题及时向工程师或主任(副)汇报分析，按流程重新编辑、模拟	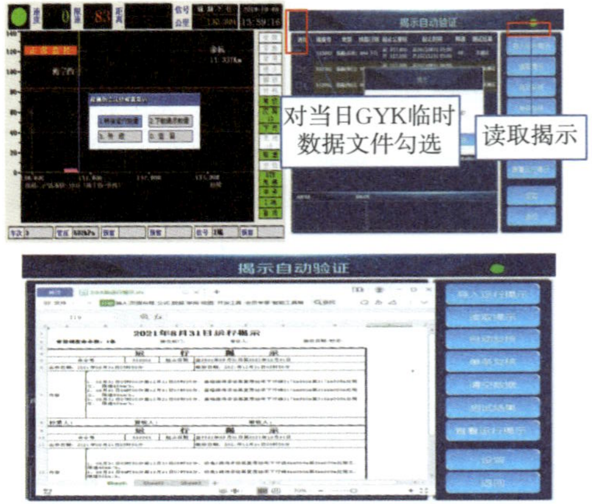 对当日GYK临时数据文件勾选 读取揭示
3. 核对条数	将专用转储 U 盘插入“GYK 模拟运行试验装置”USB 接口，弹出“检测到合法转储器提示”，依次按压“2(下载揭示数据)”“1(升级)”“3(关闭)”“查询”“3(计划揭示)”“3(下一页)”直至最后页，与打印的 GYK 临时数据文件核对有效条数	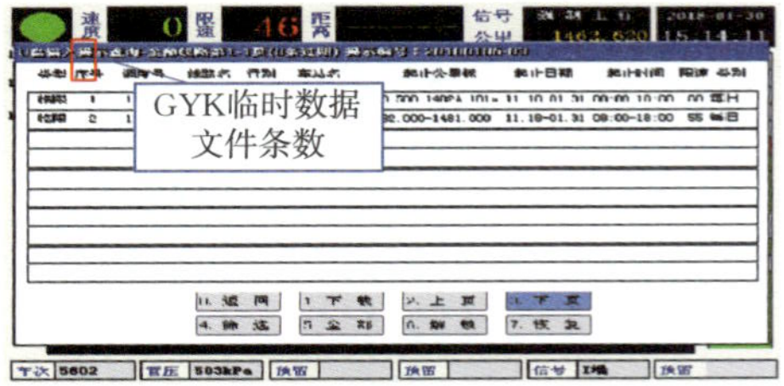 GYK临时数据文件条数

续上表

项　　目	作业内容	图　　示
4. 模拟验证	通读运行揭示调度命令，模拟主台按压“设定”键设定参数。根据模拟主台诵读的“线别、××站至××站(区间)、行别、里程、限速”，对照运行揭示调度命令内容逐条进行确认	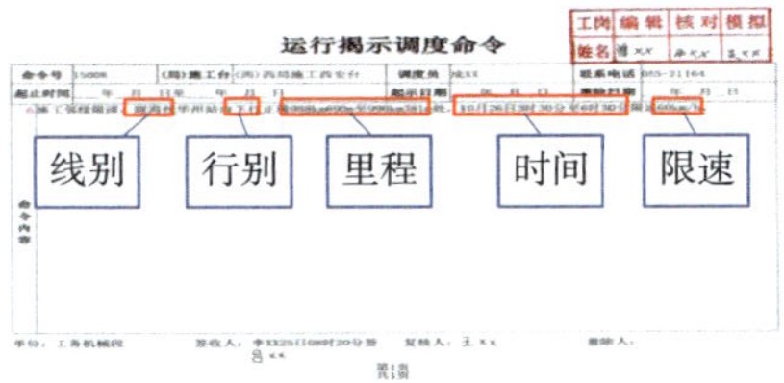 运行揭示调度命令 线别　行别　里程　时间　限速
5. 分析反馈	全部模拟完成后，分析工务机械段各运用车间GYK临时数据文件载入反馈情况	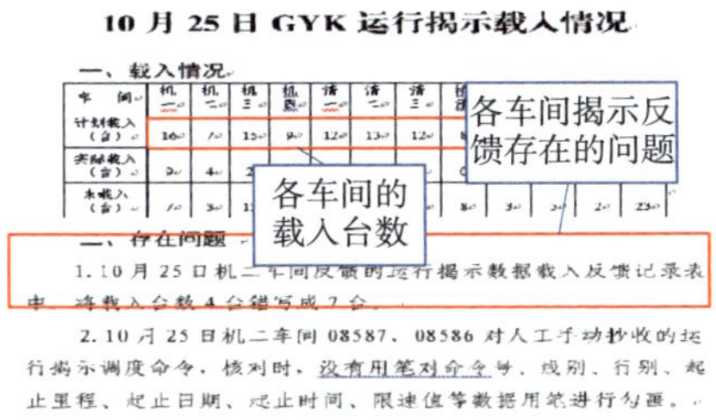 10 月 25 日 GYK 运行揭示载入情况 一、载入情况 各车间的载入台数 各车间揭示反馈存在的问题 二、存在问题 1. 10 月 25 日机二车间反馈的运行揭示数据载入反馈记录表中，将载入台数 4 台错写成 7 台。 2. 10 月 25 日机二车间 08587、08586 对人工手动抄收的运行揭示调度命令，核对时，没有用笔对命令号、线别、行别、起止里程、起止日期、起止时间、限速值等数据用笔进行勾画。
6. 归档	配合模拟主台整理编辑中心工作日志，归档	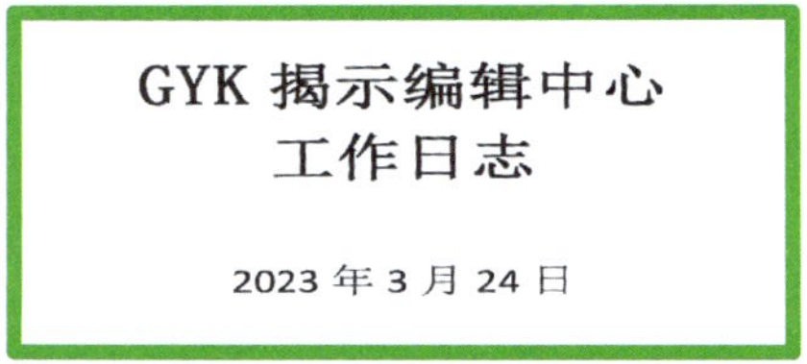 GYK 揭示编辑中心 工作日志 2023 年 3 月 24 日

第六节　运行揭示及GYK临时数据文件交付载入标准

第六十条　各运用单位交付确认人员要求：

1. 各运用单位的自轮运转车辆专业管理部门是自轮运转车辆运行揭示调度命令和GYK临时数据文件交付确认审核的专业(管理)部门。

2. 交付确认人员要求：各运用单位专业管理部门负责人和工程师。

3. 交付确认人员替补要求：各运用单位专业管理部门主管工程师为默认的交付确认人，主管工程师不在时，提前向接班人员说明情况，并通知GYK揭示编辑中心。

4. 其他要求：除以上交付确认人员外，安排其他人员从事交付确认工作时，由各运用单位报工务部、供电部审批后方可作业。

第六十一条　各运用单位确认交付作业流程和标准：

1. 接收：自轮运转车辆专业管理部门确认人员每日15时30分前登录GYK揭示流转系统，将GYK揭示编辑中心传递的运行揭示调度命令、交付揭示和GYK临时数据文件下载、打印，交于指挥中心接收审核确认。

2. 检索：自轮运转车辆专业管理部门对照运行揭示调度命令和交付揭示，逐条核对检索交付揭示，不涉及本单位的在该条前划“×”。

3. 确认：执行“双确认”制度，即指挥中心确认人对照纸质运行揭示调度命令诵读，自轮运转车辆专业管理部门确认人对照交付揭示和 GYK 临时数据文件逐条逐句复诵、勾划，保证文件齐全、要素正确。

4. 回执：经“双确认”无误后，于 17 时前向 GYK 揭示编辑中心以传真或扫描形式回执“运行揭示及 GYK 临时数据文件确认表”，须双人签字；如发现异常，须立即向 GYK 揭示编辑中心反馈，由 GYK 揭示编辑中心按流程办理。

5. 下发：确认无误后，由各运用单位自轮运转车辆专业管理部门确认人 18 时前将运行揭示及 GYK 临时数据文件进行下发。

6. 下载：自轮运转车辆乘务组长(或指定人员)负责下载交付揭示及 GYK 临时数据文件并打印运行区段交付揭示，自轮运转车辆管理部门负责督促。

7. 载入核对：一是司机将下载的 GYK 临时数据文件通过专用转储 U 盘载入 GYK 设备(或通过 GMS 系统远程载入，GMS 系统详见《轨道车运行控制设备运用维护管理办法》)；二是运行揭示核对执行“双核对”制度，即由司机对照 GYK 显示屏、副司机对照交付揭示，对调度命令号、条数逐条核对。核对发生异常，立即向本单位自轮运转车辆专业管理部门反馈，自轮运转车辆专业管理部门及时报告 GYK 揭示编辑中心。如运行计划临时发生变化，在动车前，须重新执行“双核对”制度。

8. 反馈：自轮运转车辆司机“双核对”确认数据载入正确后，司机对 GYK 显示屏上载入的数据进行拍照，并反馈给自轮运转车辆专业管理部门。如发现问题，司机须立即向主管工程师反馈，主管工程师及时联系 GYK 揭示编辑中心处理。

第六十二条 GYK 揭示编辑中心所在单位交付确认要求。

1. 接收:各自轮运转车辆部门管理人员每日 17 时 00 分前登录揭示命令流转系统,下载 GYK 揭示编辑中心传递的交付揭示和 GYK 临时数据文件。

2. 检索:各自轮运转车辆部门管理人员对照接收到的交付揭示,逐条、逐项检索本部门所有机械车辆运行区段的交付揭示。

3. 下发:确认无误后,由各自轮运转车辆部门管理人员 18 时前将运行揭示及 GYK 临时数据文件下发至各车组。

4. 下载:各自轮运转车辆部门乘务组长(或指定人员)负责下载交付揭示及 GYK 临时数据文件并打印运行区段交付揭示,并交付正司机。

5. 载入核对:一是自轮运转车辆正司机将下载的 GYK 临时数据文件通过专用转储 U 盘载入 GYK 设备,严禁他人代替载入(或通过 GMS 系统远程载入);二是执行“双核对”制度,即由正司机对照 GYK 显示屏、副司机对照交付揭示,对调度命令号、条数进行核对。不具备打印条件时,在“大型养路机械运行日志”或“轨道作业车工作日志”上人工抄收计划运行区段的运行揭示命令,严格执行“双核对”勾画确认制度。如运行计划临时发生变化,在动车前,须重新执行“双核对”。

6. 反馈:司机“双核对”确认数据输入正确后,应对 GYK 显示屏上载入的数据拍照留影,并反馈至本部门自轮运转车辆管理人员,部门自轮运转车辆管理人员填写“自轮运转车辆运行揭示数据载入反馈记录”并将本部门载入照片汇总,一并反馈至 GYK 揭示编辑中心。GYK 揭示编辑中心应保存 GYK 临时数据文件载入反馈照片不少于 1 个月，发生事故故障的保存期不少于 1 年。

7. 派驻大机管理：驻在单位（××工务段）负责下载、传递交付揭示及 GYK 临时数据文件，派驻单位机组正司机负责将 GYK 临时数据文件载入 GYK 设备，对照交付揭示和副司机严格执行“双核对”制度。

第六十三条 GYK 揭示编辑中心命令复核台收集整理各运用单位以传真或扫描形式签名传真的“运行揭示及 GYK 临时数据文件确认表”，工程师填记“运行揭示及 GYK 临时数据文件传递接收核对登记表”。

第六十四条 各运用单位 GMS 系统下载的运行揭示及 GYK 临时数据文件与专用转储设备转储的文件不一致时，以专用转储 U 盘转储的文件为准。

第六章　数 据 管 理

第一节　GYK 运行揭示数据管理

第六十五条　运行揭示调度命令是指由集团公司施工管理办公室编制的涉及限速、行车方式变化和设备变化（含 GYK 换装/提示类揭示）的调度命令。从铁路计划命令接收系统接收并交付 GYK 揭示编辑中心进行编辑，通过铁路专用网向各单位传递运行揭示调度命令、交付揭示和 GYK 临时数据文件。

第六十六条　GYK 临时数据文件是指依据从集团公司铁路运输调度管理系统（TDMS4.0）接收的运行揭示调度命令，通过专用软件录入相关信息数据，编制、编译形成的载入 GYK 设备对自轮运转车辆运行实施减速控制或改变行车方式、提示有关操作的各类临时性数据。

第六十七条　遇运行揭示调度命令跨越长链时，编制 GYK 临时数据文件时要认真核对命令中长链里程，确保 GYK 控制里程与线路实际里程相符。

第六十八条　各运用单位须指定专业部门负责运行揭示管理，进行运行揭示数据文件的核对、确认、载入等运用、管理工作。

第六十九条　各运用单位委托 GYK 揭示编辑中心进行运行揭示及 GYK 临时数据文件的编辑、传递、交付时，须签订“运行揭示及 GYK 临时数据文件编辑交付委托协议”，协议范本由 GYK 揭示编辑中心制定，报工务部、供电部批准。

第七十条 GYK 揭示编辑中心接收运行揭示调度命令后，进行运行揭示及 GYK 临时数据文件的编制、传递。

1. 每日 8 时 00 分至 12 时 00 分间接收的运行揭示调度命令，于当日 15 时 30 分前完成编制发布工作；每日 00 时 00 分 00 秒至 7 时 59 分 59 秒间接收的当日 18 时 00 分之后生效起控的运行揭示调度命令，由 GYK 揭示编辑中心命令签收台作业人员和 GYK 揭示编辑中心主(副)任共同确认后，可与 8 时 00 分至 12 时 00 分间接收的运行揭示调度命令同步编制发布；其他时间段内接收的运行揭示调度命令应由生产调度指挥中心通知 GYK 揭示编辑中心及时编制运行揭示及 GYK 临时数据文件，传递时间不得超过接令后 2 h。

2. 交付揭示有效时段标准：每日 8 时 00 分前接收的运行揭示调度命令，交付揭示的有效时段至次日 4 时 00 分；8 时 00 分至 12 时 00 分间接收的运行揭示调度命令，交付揭示的有效时段至次日 24 时 00 分。

3. 运行揭示及 GYK 临时数据文件须经 GYK 揭示编辑中心主任(副)(不在时为自轮运转管理科长，下同)审核签字后传递。

4. GYK 揭示编辑中心通过揭示令流转系统向各运用单位传递运行揭示调度命令、交付揭示及 GYK 临时数据文件。

5. GYK 揭示编辑中心作业按照命令签收、编辑、模拟验证、审核签发、传递确认、过期撤除流程进行。

第七十一条 GYK 揭示编辑中心运行揭示及 GYK 临时数据文件编制作业“五核对”：

1. 接到运行揭示调度命令后，应一人诵读、一人复诵，确认内容正确无误，杜绝错接、漏接。接到运行揭示调度命令有疑问时，应立即与发令单位核对。

2. 检索人员对复核无误的运行揭示调度命令进行检索，检索完毕后由编辑人员确认检索结果。

3. 根据检索的运行揭示调度命令，检索人员编制交付揭示，两个编辑岗位（编辑人员）同时“背对背”编制 GYK 临时数据文件并进行交叉复核，实行“一人编制、一人核对”，做到“编、核分离”。

4. GYK 揭示编辑中心主任（副）审核交付揭示和 GYK 临时数据文件无误后向各运用单位发布。

5. 运用单位自轮运转车辆专业管理部门与 GYK 揭示编辑中心确认接收到的运行揭示及 GYK 临时数据文件中涉及本单位管辖区段内的命令号、区段和接收数量及内容正确，方可交付使用。

第七十二条 运用单位司机应对照运行区段的交付揭示逐条核对载入的 GYK 临时数据文件，核对过程执行“二人确认制度”。运用单位专业管理部门日常应加强对司机交付揭示及 GYK 临时数据文件载入和现场核对的盯控，保证 GYK 临时数据文件的准确性、有效性。

第七十三条 GYK 揭示编辑中心应将运行揭示调度命令、GYK 临时数据文件的接收、检索、编辑、核对、模拟验证、传递各作业环节纳入音视频管控。

第七十四条 遇 GYK 临时数据文件编制软件系统功能、参数变化、硬件升级、操作模式更改应提前对 GYK 揭示编辑中心各岗位进行培训，合格后上岗。

第二节　运行揭示及 GYK 临时数据文件使用规定

第七十五条　自轮运转车辆司机出车前，必须接收和载入运行区段有效交付揭示及 GYK 临时数据文件，未接收或未载入严禁动车。

第七十六条　列车运行途中，司机须将交付揭示与列车通过的地面实际处所进行核对，经过一处划掉一处，逐个销号。遇往复交路通过时，在揭示后每通过该处一次标注“过1”、“过 2”，依次类推。

第七十七条　自轮运转车辆司机值乘中接收临时调度命令时，由值乘司机负责接收（签收）并与列车调度员（车站值班员）认真核对。通过列车无线调度通信设备发送的临时调度命令，司机签收后及时打印；通过列车无线调度通信设备通知的临时调度命令，司机核对后记入行车（运行）日志。副司机核对、确认命令开始和结束时间、区段、起止里程（区间）、限速值（行车方式）等内容。

第七十八条　自轮运转车辆司机接到临时调度命令，选择适当时机向所属单位专业管理部门报告（报告方式由各运用单位结合现场实际情况确定），自轮运转车辆管理部门及时指导提示，登记接收临时调度命令执行情况，及时对其进行重点检查、分析。

第七十九条　自轮运转车辆站内停车时，当接收到运行前方临时限速的调度命令时，司乘人员应人工输入运行揭示信息实现 GYK 机控，值乘司机人工输入时须一人输入，一人核对，并在行车(运行)日志上记录。自轮运转车辆越过调度命令载明的慢行地段后，司乘人员可自行解除运行揭示控制。

第八十条 遇跨越运行揭示调度命令有效时段、改变运行径路或其他原因造成无可依据的运行揭示调度命令时，自轮运转车辆司机须提前向列车调度员报告(或向前方车站值班员报告转告列车调度员)，根据列车调度员安排接收本运行区段剩余区段、改变的运行径路内运行揭示调度命令。遇列车无线调度通信设备不畅等原因无法报告时，应在前方站停车报告。

第三节　GYK 运行揭示数据模拟验证要求

第八十一条 模拟验证设备要求。

GYK 揭示编辑中心配备的数据测试仪、GYK 软件数据模拟验证装置，须满足 GYK 临时数据文件模拟验证需求。

第八十二条 模拟验证基本流程。

1. 检查确认数据测试仪中装载的 GYK 车载基础数据版本。

2. 载入编制完成的 GYK 临时数据文件，模拟验证人员两人共同进行模拟运行验证。

(1)根据 GYK 临时数据文件的起始日期、时间，设置模拟验证时间。

(2)调整运行速度、机车信号等，实施“开车”操作，模拟列车运行。

(3)检查列车运行至 GYK 临时数据文件有效地点时的

限速控制、语音提示和显示状态。

第八十三条 模拟作业的相关规定。

1. 行别为“上下行”的 GYK 临时数据文件，按上行、下行分别进行模拟运行验证。

2. 限速类 GYK 临时数据文件，模拟运行至限速起始地点，确认限速值下降至控制目标值，模拟运行越过终止地点，直至限速值恢复。

3. GYK 临时数据文件涉及二线（多线）交汇车站时，按照列车运行的多经路方向分别模拟运行验证。

4. 信联闭停用类运行揭示调度命令，模拟输入、解锁操作，确认控制状态：

（1）停基改电：模拟运行至次一站进站信号机前，直至确认进站信号机控制状态。

（2）绿色许可证：模拟运行越过停用的信号机，直至区间第一架通过信号机。

第七章　管理制度

第一节　GYK揭示编辑中心标准化规范化建设制度

第八十四条　依据集团公司标准化规范化建设管理要求,制定GYK揭示编辑中心标准化规范化建设标准。

1. 科室职责

各科室职责见第三章。

2. 岗位管理

(1)科室应根据定编定员配备专业管理人员。

(2)科室应建立岗位任职资质、基本信息情况表。

(3)科室应建立各岗位工作职责,岗位之间应明确替补关系。

3. 工作制度

(1)科室应常备的法律法规、技术规章、管理制度有(包含但不限于以下内容):

①法律法规:《中华人民共和国安全生产法》《中华人民共和国劳动法》《铁路安全管理条例》。

②技术规章:《铁路技术管理规程》(普、高速铁路部分)《铁路交通事故调查处理规则》《普速铁路工务安全规则》《普速铁路线路修理规则》《轨道作业车使用管理规则》《轨道车

运行控制设备运用维护管理办法》《大型养路机械使用管理规则》《中国铁路西安局集团有限公司普速铁路营业线施工管理实施细则》。

③管理制度:《自轮运转设备运行控制设备(GYK)运用维护管理细则》。

(2)科室应负责制定和动态完善的技术规章、管理制度有:《轨道车运行控制设备(GYK)运用维护管理办法》、GYK 揭示编辑中心根据管理实际需建立的其他制度。

4. 作业流程

科室应建立并实施的基本作业流程有(包含但不限于以下内容):编辑中心作业流程、命令签收台作业流程、命令复核台作业流程、编辑主台作业流程、编辑副台作业流程、模拟主台作业流程、模拟副台作业流程、GYK 揭示编辑中心根据管理实际需建立的其他作业流程。

5. 基本资料

科室应建立、填记的基本工作资料、记录有(包含但不限于以下内容):运行揭示调度命令签收、编制、发布等记录(电子,保存一年),GYK 揭示编辑中心工作日志(电子版或纸质,保存一年),会议记录(月度例会、专题分析会等,电子版或纸质,保存一年)。

第二节　GYK 揭示编辑中心计算机网络安全管理制度

第八十五条　按照《综合信息网络管理实施细则》的规定规范 GYK 揭示编辑中心网络管理,保证计算机、网络系统安全。

第八十六条 GYK 揭示编辑中心各岗位计算机应配备不间断电源装置(UPS),以保证停电时能够通过不间断电源装置向计算机设备供电。

第八十七条 主机、UPS 等设备根据功能和定置化管理要求有序摆放,严禁在计算机、UPS 上堆放物品。

第八十八条 杜绝“一机双网”违规外联情况。严格遵照内外网物理隔离的管理规定,杜绝同一台计算机既连接外网又连接办公网(一机双网),杜绝计算机连接无线网卡、手机,杜绝办公区域内加装路由器、无线发射及接收装置等设备,严禁私搭乱建 Wi-Fi 无线网(包括笔记本电脑接入办公网是否开启电脑自带 Wi-Fi 无线连接功能)。

第八十九条 严格执行密码管理规定,对各岗位计算机开机密码做好保存,各类应用系统、电脑开机密码口令强度必须达到八位以上,由大小写字母、字符、数字等组成。禁止将口令明文存储在计算机内或打印张贴在显示器、办公桌处。

第九十条 GYK 揭示编辑中心人员应恪守保密制度,不得擅自泄漏 GYK 揭示编辑中心各种信息资料与数据。外网计算机中严禁安装违规程序,如股票、游戏等非办公软件;严禁存储电影、音乐等娱乐媒体或存储有个人信息等涉密文件资料。严禁个人电脑接入办公内网。

第九十一条 GYK 揭示编辑中心各计算机由所在岗位具体管理,由主管工程师进行主管,未经工程师批准不得擅自对系统进行修改配置参数、设置 IP 等操作。

第九十二条 严禁使用非科室内部存储介质,包括 U 盘、移动硬盘,手机禁止连接计算机 USB 口充电和传递数据，移动存储介质接入内网计算机之前必须查杀病毒，严禁使用非专用转储U盘或其他介质进行拷贝复制等操作，严禁在非本人设备上使用移动介质。

第九十三条 严格落实计算机病毒防范措施。各岗位人员不得随意停用、卸载360天擎杀毒软件，配合做好计算机资产登记。正确使用360天擎安全检查功能(电脑右下角天擎图标右键—安全检查——键安检)。

第三节 GYK揭示编辑中心测酒管理制度

第九十四条 为加强运行揭示调度命令接收、编制的安全管理，杜绝各岗位作业人员酒后上岗，保证揭示数据编辑的准确性、及时性，按照上级领导要求，制定下发《GYK揭示编辑中心测酒仪使用管理办法》，请各岗位严格执行。

1. 测酒范围

GYK揭示编辑中心各岗位。

2. 测酒时机、处所

每日8时前在模拟副台酒精测试仪放置处进行酒精测试。

3. 测酒仪日常使用规定

(1)GYK揭示编辑中心要将饮酒上班、班中饮酒作为危及运行揭示调度命令接收、编制安全、触及安全底线的“红线”进行管理，杜绝饮酒当班、班中饮酒的问题发生。

(2)GYK揭示编辑中心对酒精测试工作要认真对待，实事求是，力求数据的真实性，杜绝饮酒上班，确保揭示数据编辑安全，对发现的问题及时制止，进行考核问责。

(3)GYK 揭示编辑中心各岗位班前 8 h 内和班中严禁饮酒。

(4)按照国家质量监督检疫局发布的《机车驾驶人员血液、呼气酒精含量阈值与检验》的规定，对测试值大于等于 0.2 mg/mL 的人员，应立即停止当日工作，GYK 揭示编辑中心主任(副)根据实际情况调整当日工作，合理安排。

(5)测酒人员测酒前，不得食用薄荷、槟榔等可能造成测酒仪误测的食品，若食用时，必须提前漱口。

(6)测试对象必须是各台位本人，不得使用他人代测，如发现与实际不符，将严厉追究被检人和代替人的责任。

(7)测酒仪中的测酒记录保存时间不少于 2 个月。

(8)测酒仪每月由 GYK 揭示编辑中心副主任进行一次性能检测。遇测酒仪故障时，要及时报修处理，不得以故障为由不进行测试。

(9)GYK 揭示编辑中心将测酒情况纳入日常检查内容，主任每月对测酒记录检查不少于 4 次；副主任对测酒记录每周不少于 2 次；主管工程师对测酒记录每天进行检查，并做好记录。

4. 考核规定

(1)GYK 揭示编辑中心主任(副)不定期对测试工作进行复检，未经酒精检测就私自上岗作业的，一经发现，立即停止当日作业，并对责任人、主管工程师进行追究考核。

(2)凡人为破坏测酒仪、故意删除测酒记录数据，或未经 GYK 揭示编辑中心(副)主任准许随意调整测酒仪各项参数设置，按《GYK 揭示编辑中心岗位绩效考核制度》扣减当日绩效分 10 分。

(3)被测人员测酒结果为饮酒时,一律停止当日工作,按《GYK揭示编辑中心岗位绩效考核制度》扣减当日绩效分5分。

(4)因测酒仪设备故障、测酒结果异常,未及时处置和修复,定GYK揭示编辑中心主管工程师责任,纳入月度一体化考核。

第四节　GYK揭示编辑中心岗位绩效考核制度

第九十五条　根据单位绩效考核工作要求,制定GYK揭示编辑中心绩效考核要求。

1. 绩效考核原则为公平、公正,体现"多劳多得、优劳优得",突出各岗位日常工作内容及工作成果。

2. 绩效考核为日打分,对当日工作及时进行完结核算,对临时长期工作限定日期按推进情况进行考核打分。

3. 绩效考核由岗位日考勤基础分、日常岗位履职分、日工作完成情况分、日工作质量分、加班分、上级考核分和其他分组成。

第九十六条　绩效考核各类分值情况。

绩效考核各类分值情况见表7-1。

表7-1　绩效考核各类分值情况

项目	日常工作				加分工作内容		
	日考勤基础分	日常岗位履职分	日工作完成情况分	日工作质量分	夜班得分	上级考核分	其他分
分值(分)	3	3	2	2	2	1～5	0.5～5

第九十七条 绩效考核各分值扣分说明。

1. 日考勤基础分

日考勤基础分根据各岗位人员日常出勤情况进行得分，在正常工作日内出勤得3分，迟到早退在两小时内扣2分、超过两小时扣3分。

学习、年休、婚假、陪护假等其他假期，每日总计得7分，其他得分项不再计算。

事假当日总得分为0分，事假应按单位要求办理相关手续。

2. 日常岗位履职分

日常岗位履职是根据各岗位对照岗位职责履职情况进行的得分，完成岗位职责要求得3分，未对照岗位职责完成相应工作一项扣1分，直至扣完。

3. 日工作完成情况分

(1)各岗位认真履行岗位职责，突出日工作班班清，做到得2分，做不到扣2分。

(2)命令签收岗位：及时核对接收的运行揭示调度命令内容正确无误，检索、分解、核对准确，并向各运用单位及时传递运行揭示调度命令、交付揭示、GYK临时数据文件。

(3)编辑岗位：删除当日过期的GYK临时数据，销记失效的运行揭示调度命令，准确编辑GYK临时数据文件。

(4)模拟验证岗位：逐条模拟验证当日编辑的GYK临时数据文件并核对有效条数，整理“GYK揭示编辑中心工作日志”。

4. 日工作质量分

日工作质量分是对工作质量检验的重要考核手段，完成得2分。

5. 加班得分

夜班时间为在当日 00 时 00 分至次日 06 时 00 分，夜班工作需 GYK 揭示编辑中心主任(副)下派任务，并保质保量完成，得 2 分。

6. 考核得分

各岗位对运行揭示及 GYK 临时数据文件检索、分解、编辑、模拟错误的，除日工作质量分清零外，减 5～10 分。发现错误的岗位，加 5～10 分。对于重复错误的，加倍考核。

得到本单位领导检查表扬或批评，当日加减分值为 1～3 分。

得到上级单位检查表扬或批评，当日加减分值为 3～5 分。

7. 其他得分项

对应技师或高级技师每月按作用发挥情况加 1～10 分。

第五节　GYK 揭示编辑中心联系工作制度

第九十八条　建立各运用单位与 GYK 揭示编辑中心联络表，发生变化及时更新。

第九十九条　每日运行揭示及 GYK 临时数据文件下达后，根据与各运用单位联络表及时联系各运用单位反馈回执。

第一百条　在现场运用中发现 GYK 临时数据文件编辑问题，立即与 GYK 揭示编辑中心联系，协调解决。

第一百零一条　传递运行揭示调度命令、交付揭示、GYK 临时数据传文件遇网络故障时，及时与各运用单位联系，启用应急备用网络传输通道。

第一百零二条 各运用单位管辖范围示意图发生变化及时向GYK揭示编辑中心提供,GYK揭示编辑中心结合区段内车站顺序表(含车站TMIS站号,多进路多方向车站说明),更新“集团公司运行揭示调度命令写卡区段站序示意图”。

第一百零三条 有需要时,GYK揭示编辑中心组织各运用单位召开钉钉视频会议,协调解决运行揭示及GYK临时数据文件传递和运用中出现的问题。会议由GYK揭示编辑中心主任主持召开,有事外出时由副主任代替,日常工作联系由主管工程师负责。

第六节 GYK揭示编辑中心人员学习制度

第一百零四条 本着“干什么学什么,缺什么补什么”的原则,按照岗位作业和个人技能素质需求,将培训内容分为五个级次。

第一级:业务必知必会型(即核心业务级)。各岗位作业环节必须要求掌握的知识项点、工作标准流程以及不掌握就无法进行作业或直接影响安全的知识内容,并且结合生产实际和培训效果适时进行动态调整和补充。

第二级:技能必知必会型(即实用业务级)。各岗位实际作业环节中必须掌握的操作技能、个人单独作业环节以及不掌握就无法进行作业的实作技能。

第三级:重点应知应会型(即基础业务级)。各岗位可暂不作为必须全部掌握但应该有针对性的重点掌握的知识和实作技能,并且根据作业需求和周期培训效果,适时细化拆分,填充到必知必会内容范畴。

第四级:可需应知应会型(即应知业务级)。满足岗位作业需求,需要了解知道的相关知识和作业技能,以辅助岗位作业高质量完成的内容。

第五级:晋级提升型(即拓展业务级)。不影响实际生产作业,但能提高职工个人综合技能素质或因职工个人技能素质拔高需求,需掌握更好辅助本职工作的知识和技能。

第一百零五条 GYK 揭示编辑中心结合生产需要,每月组织各岗位开展"核心业务"默写绘画、"岗位技能"实作打分,及时统计分析,实施补强教育,提升业务素质。

第一百零六条 每月 25 日前,由主任(副)组织主管工程师结合实作项点、岗位能力和当前的安全重点工作研究确定次月培训计划,工作中暴露的问题也需纳入培训计划。

第一百零七条 "核心业务"通过默写绘画的方式对各岗位工作标准和岗位职责、应急处置知识进行验证,达到必知必会的标准。

"岗位技能"是通过实作鉴定的方式对核心业务知识进行巩固,以及对岗位工作标准流程进行实作验收,达到必知必会的要求。

第一百零八条 根据培训计划,主管工程师于每月 25 日后向各岗位告知次月"核心业务"和"岗位技能"验收内容,次月 1 日开始组织验收直至 25 日,月内验收要全员覆盖。运用作业记录仪对验收过程全程拍摄,并编制电子资料记录,留存拍摄视频。验收合格成绩不得低于 90 分,如验收达不到标准,纳入绩效考核。

第一百零九条 主任(副)每月对验收成绩合格的视频文件和评价表进行复验,检查笔试过程是否闭卷、实作视频是否真实，月度全覆盖。

第一百一十条 由于病事假等原因未参加当月月度培训计划的，须进行补验，补验流程按正常培训流程处理。

第一百一十一条 培训电子资料需注明月度验证项点、验证人、被验证人、验证成绩、验证时间，链接验证视频及评价表，评价表上传要保证清晰可见、内容完整。

第七节 GYK揭示编辑中心考勤管理制度

第一百一十二条 GYK揭示编辑中心采用自助考勤机打卡的形式，由GYK揭示编辑中心副主任每月对实际出勤情况、休假情况、节假日加班人员及出勤天数进行汇总，报GYK揭示编辑中心主任审核。

第一百一十三条 GYK揭示编辑中心实行日勤制，按时在考勤机打卡。

第一百一十四条 各类病事假、婚丧假等休假均须经GYK揭示编辑中心主任(副)审批，按照“先审批、后休假”的原则，严格执行单位请销假审批规定。

第一百一十五条 病假结束返岗时，休假人员应将病假条及时交GYK揭示编辑中心副主任审核保存，月初时与上月考勤一并报单位劳动人事部门。

第一百一十六条 GYK揭示编辑中心主任定期对科室工作人员的考勤打分、病事假制度执行的情况进行监督检查。严禁考勤虚假填报，凡利用职务(岗位)之便为本人或他人提供或出具虚假证明材料，以及虚报、瞒报考勤的，上报单位劳动人事部门处理。

第一百一十七条 各类休假考核打分,严格执行GYK揭示编辑中心制定的绩效考核办法。

第八节 GYK揭示编辑中心手机管理制度

第一百一十八条 为保障作业场所环境秩序,严肃作业场所工作氛围、满足作业流程需要,对作业人员班中手机定置存放及使用办法明确如下,并严格执行。

1. 上岗前,作业人员自觉将手机存放于手机存放箱,并设置为静音振动模式。

2. 遇特殊情况确需接打手机时,应做到言简意赅,严禁闲聊。

3. 电话接听完毕,及时将手机放回手机存放箱。

4. 上岗作业期间,科室座机电话作为应急、联络通信工具。

5. GYK揭示编辑中心主任(副)加强使用手机情况监督检查,作业期间,发生违规使用手机行为一律纳入一体化考核。

第八章　过 程 管 理

第一百一十九条　GYK揭示编辑中心命令签收(复核)台,编辑主、副台,模拟主、副台作业全程使用作业记录仪。

第一百二十条　命令签收(复核)台作业音视频记录要求。

1. 开机后调整年、月、日及实际时间,作业人员依次摄录并报姓名,即:“××年××月××日××时××分、命令签收人员××、命令复核人员××、开始作业”。

2. 通过“铁路运输调度管理系统(TDMS4.0)”接收的命令:命令签收台人员阅读命令号码、命令内容,命令复核台人员依次复诵。

3. 通过电话传真接收的纸质命令:发送方人员阅读命令号码、命令内容,命令签收台人员依次复诵,复核完毕后,关闭作业记录仪。

4. 整个命令签收作业流程须全程摄录,作业完成后关机。

第一百二十一条　编辑台作业音视频记录要求。

1. 开机后调整年、月、日及实际时间,作业人员摄录并报姓名,即:“××年××月××日××时××分、命令编辑人员××开始作业”。

2. 按照运行揭示调度命令编辑原则编制GYK临时数据文件。

3. 整个编辑作业流程须全程摄录,作业完成后关机。

第一百二十二条 模拟台作业音视频记录要求。

1. 开机后调整年、月、日及实际时间，作业人员依次摄录并报姓名，即：“××年××月××日××时××分、模拟主台××、模拟副台××、开始作业”。

2. 模拟运行揭示调度命令时，模拟主台人员诵读模拟验证设备显示屏上的“线别”“××站—××站（区间）”“行别”“里程”“限速”模拟副台人员对照运行揭示调度命令复诵“××站—××站（区间）”“行别”“里程”“限速”进行确认。

3. 模拟验证过程中，作业记录仪须对模拟验证设备显示屏清晰录制，以 GYK 临时数据文件在正确区段或地点起控至限速里程结束为模拟正确。

4. 模拟运行验证内容：检查模拟设备中装载的 GYK 车载基础数据版本。载入编制完成的 GYK 临时数据文件，进行模拟运行验证。根据 GYK 临时数据文件的起始日期、时间，设置模拟运行验证设备时钟。调整运行速度、机车信号等，按压“开车”操作，模拟列车运行。检查列车运行至 GYK 临时数据文件有效地点时的限速控制、语音提示和显示状态，实施相应解锁确认操作，验证模拟运行结果。

5. 整个模拟验证流程须全程摄录，作业完成后关机。

第一百二十三条 音视频资料留存要求。

当日接令、编辑、模拟验证产生的影音文件均保存至 GYK 揭示编辑中心专用存储硬盘，保存时间不少于 3 个月。

第一百二十四条 过程回审。

1. GYK 揭示编辑中心主管工程师每日对接令、编辑、模拟、作业环节生成的视频资料、GYK 存储文件进行回审分析。

2. 对“通过电话传真接收的纸质运行揭示调度命令”文本内容重点进行审核。对“多线路、多方向”的运行揭示调度命令，重点审核模拟验证环节。回审过程中发现异常立即对 GYK 临时数据文件进行分析核对，并做好问题处置。

3. 每日对编辑完成后的互审环节进行重点检查，对工作标准执行不到位的要及时予以指正，按规定纳入考核。

第九章　应急管理

第一百二十五条　及时有效处置断网、断电等非正常情况下的运行揭示调度命令接收、GYK 临时数据文件编制和传递，确保运行揭示调度命令的及时接收、GYK 数据的编辑传递和载入。

第一百二十六条　配置应急备品。

1. GYK 揭示编辑中心应配备运行揭示及 GYK 临时数据文件编制软件、笔记本电脑、打印机、传真机、录音电话、专用转储 U 盘、应急电源，应急电源应与电脑相连，遇临时断电和设备故障时及时启用。

2. 各运用单位应配备专用电脑、传真机、应急电源、专用转储 U 盘等接收和载入备品。

第一百二十七条　网络故障应急处置。

1. 无法正常接收调度命令时，通过电话传真接收纸质运行揭示调度命令，命令签收台人员使用录音电话与发送方逐字逐句核对命令内容，确认无误后双方互报姓名签收，记录好签收时间。

2. GYK 揭示编辑中心网络故障时，命令签收台人员立即与单位网络管理员联系解决。确系网络故障短时间无法恢复时，立即联系集团公司调度所施工计划室，确定接收处所、方式，接收运行揭示调度命令；传递时由 GYK 揭示编辑中心与各运用单位联系，确定其他网络良好的处所进行编制传递,或使用内部钉钉软件加密传递。

3. 各运用单位网络故障时,由各运用单位确定传递接收处所和方式,通知 GYK 揭示编辑中心进行传递,并指定专人负责接收、核对。

4. 网络故障应急传递时,须严格遵守网络安全相关规定,优先采取铁路专用网、传真等方式传递接收。

第一百二十八条 计算机和编辑软件故障应急处置。

1. GYK 揭示编辑中心 GYK 临时数据编辑的计算机必须与 UPS 电源连接,防止突然断电时数据丢失。

2. 编辑台计算机在编辑过程中发生编辑软件文件丢失、损坏等情形时,应重新启动计算机进行编辑,如仍不能进行编辑时,作业人员应立即报告工程师或主任(副),使用模拟台的计算机重新编辑,按照编辑流程和标准完成 GYK 临时数据文件的编、核作业。

3. GYK 揭示编辑中心应配备至少两个备用 U 盘,存入 GYK 揭示编辑软件安装包以及接收、编辑、核对、验证、审核、传递的电子表格、相关规章,如发生计算机编辑软件无法正常使用时,应立即使用 U 盘内的编辑软件、文件按流程编辑 GYK 临时数据文件。

4. 因不可抗力因素无法编制 GYK 临时数据文件时,GYK 揭示编辑中心向各运用单位交付运行揭示调度命令,由各运用单位安排专人负责指导司机手动在 GYK 设备上按流程和标准输入运行揭示调度命令,输入完成后正、副司机必须对照运行揭示调度命令与人工输入 GYK 临时数据进行核对,并拍照反馈至本单位运行揭示调度命令运用管理部门,留档保存。

第一百二十九条 错编、漏编GYK临时数据和现场临时揭示调度命令的输入。

1. 在GYK临时数据文件交叉复核或模拟验证时,如发现GYK临时数据错编、漏编等问题时,须立即报告主任(副),查明原因,重新按照编核流程和标准进行编辑。

2. 在与各运用单位核对传递的交付揭示和GYK临时数据文件时,如发现漏编和错编的数据,命令复核台人员应立即报告GYK揭示编辑中心主任(副),联系各运用单位停止向下传递数据文件,组织编辑人员查明原因,再次按照流程重新编核,模拟正确后,向各运用单位传递。

3. 自轮运转车辆运行中,司机发现运行揭示及GYK临时数据文件中施工或限速地点、起止时间、限速值与地面实际不符时,应以最低限速值和最长限速距离控制列车运行,并立即报告列车调度员,同时向指挥中心、GYK揭示编辑中心汇报,在行车(运行)日志上做好记录。指挥中心接到汇报后应立即报GYK揭示编辑中心查明原因并组织处理。

第一百三十条 因专用转储U盘无法识别、下载GYK临时数据文件不成功时,司机立即向各单位自轮运转车辆专业管理部门汇报,允许后立即启用备用U盘,若备用U盘不能正常载入GYK临时数据文件,司机对照核对正确的交付揭示,手动在GYK设备上按流程和标准输入运行揭示调度命令,输入完成后正副司机必须对照交付揭示命令与输入揭示命令进行核对,并拍照反馈至本单位揭示调度命令运用管理部门,留档保存。

第十章　附　　则

第一百三十一条　本细则由编委会负责解释。

附件：1. GYK 揭示数据编辑软件(V1.5.0)使用方法

2. GYK 网络版揭示数据编辑软件(V1.5.0)使用方法

3. 运行揭示调度命令接收检索登记表

4. GYK 临时数据文件编制核对登记表

5. 运行揭示调度命令撤除填写说明

6. 无终止期限运行揭示核对、撤除登记表

7. 运行揭示及 GYK 临时数据文件确认表

8. 运行揭示及 GYK 临时数据文件传递接收核对登记表

9. 运行揭示及 GYK 临时数据编辑示例

10. 交付揭示案例

11. GYK 揭示编辑中心资料管理要求

附件 1

GYK 揭示数据编辑软件(V1.5.0)使用方法

GYK 揭示数据编辑软件主要用于对 GYK 临时慢行、路票、绿色许可证、区间作业数据的制作。

1. 软件登录

打开 GYK 揭示数据编辑软件,如附图 1-1 所示;单击“登录”,弹出窗口如附图 1-2 所示,选择登录类型(管理员、编辑员、审核员、下载员)。

附图 1-1　揭示数据编辑软件运行界面

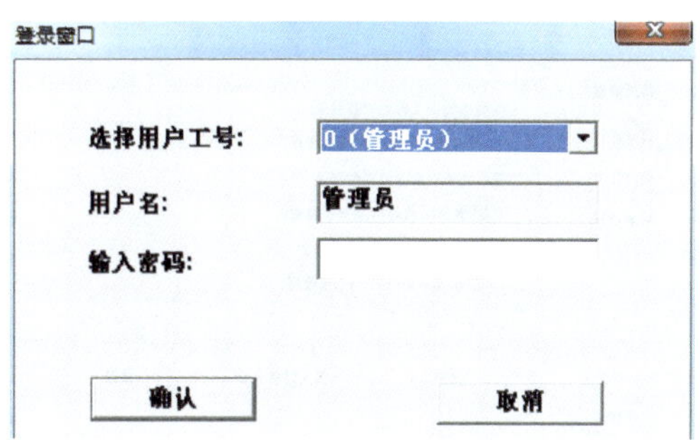

附图 1-2　揭示数据编辑软件登录界面

2. 软件设置

以管理员身份登录后，单击“基本设置”，弹出“基本信息设置”界面，对路局信息、保存目录、用户信息进行设置。

(1)路局信息设置

以管理员身份登录后，单击“基本设置”，弹出“基本信息设置”界面，选择“路局设置”项，更改路局信息，如附图 1-3 所示。

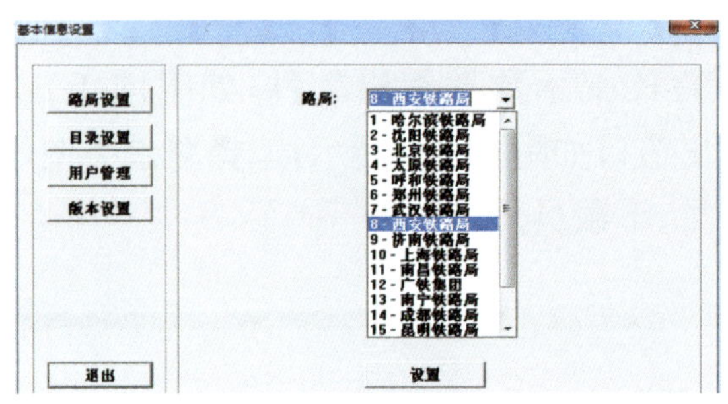

附图 1-3　路局信息设置界面

(2)保存目录设置

以管理员身份登录后，单击“基本设置”，弹出“基本信息设置”界面，选择“目录设置”项，更改文件保存的目录，如附图 1-4 所示。

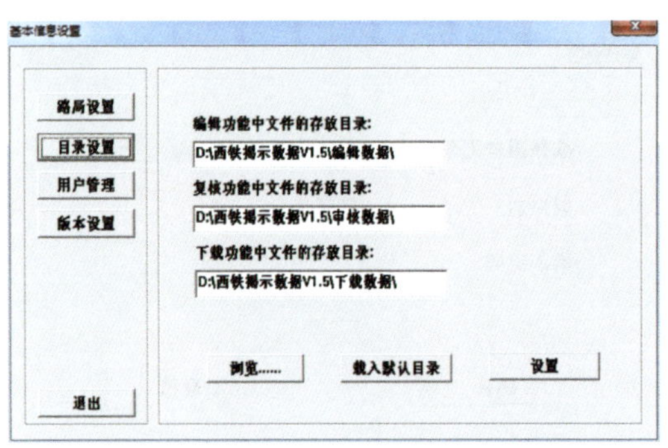

附图 1-4　更改文件夹保存目录界面

(3)用户信息设置

以管理员身份登录后,单击“基本设置”,弹出“基本信息设置”界面,选择“用户管理”项,对用户信息进行添加、删除、修改等操作,如附图 1-5 所示。

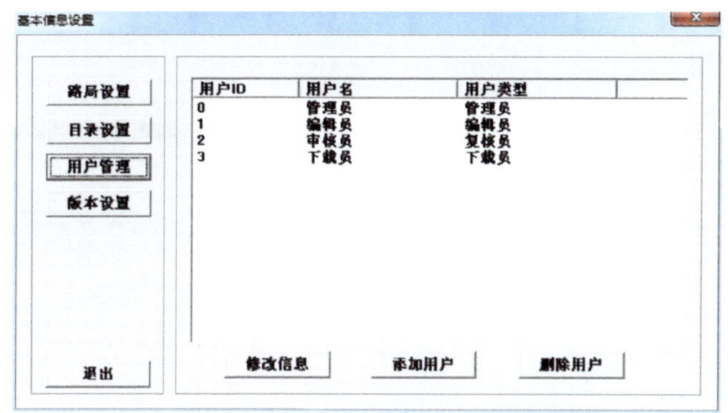

附图 1-5　用户信息修改界面

(4)线路设置

以管理员身份登录后,单击“线路设置”,弹出“线路管理”界面,如附图 1-6 所示;对工务线路号进行添加、删除、导入、导出;导入时需要导入文本文档。

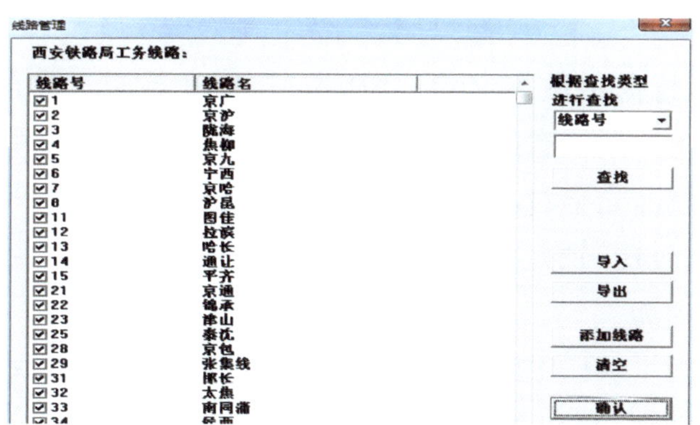

附图 1-6　线路管理设置界面

3. 数据编辑

以编辑员身份登录后，新建、修改临时限速数据，如附图 1-7 所示。揭示数据编辑包括临时限速数据、绿色许可证数据、路票数据、区间作业数据的编辑，编辑员在揭示编辑界面选择对应的数据编辑选项，进入相应的数据编辑界面，进行具体数据编辑。

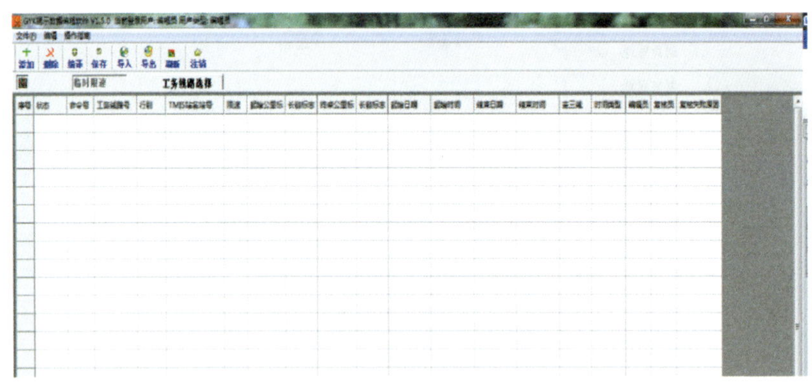

附图 1-7　数据编辑界面

(1)编辑数据

①撤除

单击工具栏中的"导入"按钮，根据路径选择前一天 GYK 运行揭示数据文件(JSB. bin)，打开后对过期的 GYK 运行揭示数据依次进行"删除"、"编译""保存"。当过期的揭示数据删除完毕时，列表下方提示"成功"，未删除完毕时，提示"存在过期揭示，不能提交审核"。

②添加

单击工具栏中的"添加"按钮，编辑列表自动生成一条新的揭示数据，然后依次输入调度命令号、工务线路号、上下行、TMIS 站名站号、限速、起始公里标、重复序号、终点公里标、重复序号、起始时间、起始时间、结束日期、结束时间等信息。

③编译

单击“编译”按钮，对编辑好的 GYK 运行揭示数据进行编译，编辑正确时，列表下方提示“成功”，编辑错误或有问题时，提示“错误”，如附图 1-8 所示。

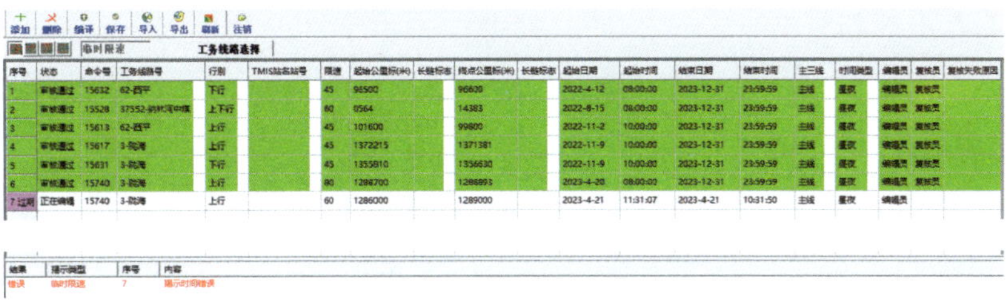

添加 删除 编译 保存 导入 导出 刷新 注销

临时限速　工务线路选择

序号	状态	命令号	工务线路号	行别	TMIS站名站号	限速	起始公里标(米)	长链标志	终点公里标(米)	长链标志	起始日期	起始时间	结束日期	结束时间	主三线	时间类型	编辑员	复核员	复核失败原因
1	审核通过	15632	62-西平	下行		45	96500		96620		2022-4-12	08:00:00	2023-12-31	23:59:59	主线	昼夜	编辑员	复核员	
2	审核通过	15528	37552-[illegible]	上下行		60	0564		14383		2022-8-15	08:00:00	2023-12-31	23:59:59	主线	昼夜	编辑员	复核员	
3	审核通过	15613	62-西平	上行		45	101600		99800		2022-11-2	10:00:00	2023-12-31	23:59:59	主线	昼夜	编辑员	复核员	
4	审核通过	15617	3-陇海	上行		45	1372215		1371381		2022-11-9	10:00:00	2023-12-31	23:59:59	主线	昼夜	编辑员	复核员	
5	审核通过	15631	3-陇海	下行		45	1355810		1356630		2022-11-9	10:00:00	2023-12-31	23:59:59	主线	昼夜	编辑员	复核员	
6	审核通过	15740	3-陇海	上行		80	1288700		1288893		2023-4-20	08:00:00	2023-12-31	23:59:59	主线	昼夜	编辑员	复核员	
7 过期	正在编辑	15740	3-陇海	上行		60	1286000		1289000		2023-4-21	11:31:07	2023-4-21	10:31:50	主线	昼夜	编辑员		

结果	提示类型	序号	内容
错误	临时限速	7	揭示时间错误

附图 1-8　编辑错误提示

④保存

编译成功后，单击工具栏中的“保存”按钮，对编辑好的揭示数据进行保存，路径：“D/揭示数据 V1.5/编辑数据”中，文件名为“单位代码＋当前年月日时分＋JSB. bin”的文件中，以待复核员对其进行审核。

(2)审核揭示数据

以审核员身份登录后进行复核，选中需要审核的 GYK 运行揭示数据，未审核数据为黄色，如附图 1-9 所示。单击鼠标“右键”然后选择“审核通过”，审核通过的揭示数据底色会变成绿色，如附图 1-10 所示。审核完成后，单击工具栏中的“保存”按钮，对审核通过的揭示数据进行保存。

(3)下载揭示数据

以下载员身份登录，单击工具栏中的“写 U 盘”按钮，弹出“生成数据序号版本”选择窗口，如附图 1-11 所示，写 U 盘成功

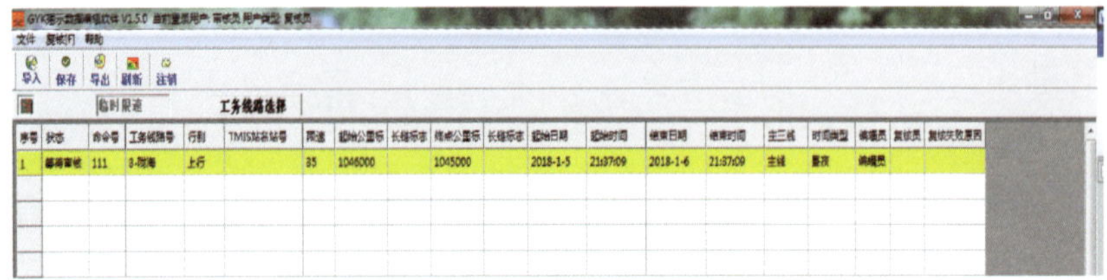

附图 1-9　揭示数据审核界面

附图 1-10　揭示数据审核通过界面

后弹出“数据备份完成，数据导入 U 盘成功”，如附图 1-12 所示。数据下载后进行对比、模拟运行、交付发布、反馈确认。

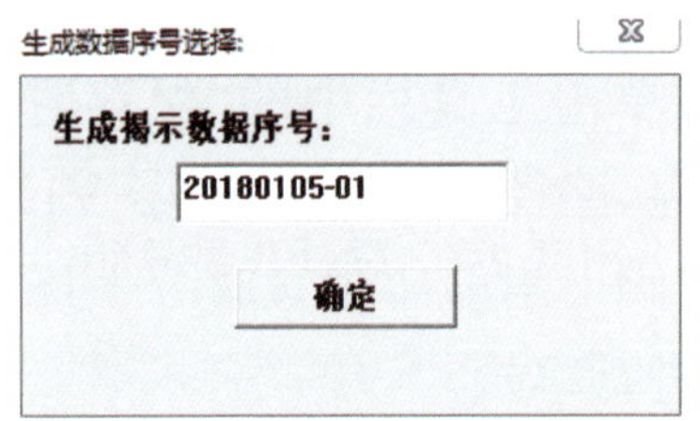

附图 1-11　生成数据序号版本界面

附图 1-12　生成数据序号版本写 U 盘成功界面

附件 2

GYK 网络版揭示数据编辑软件(V1.5.0)使用方法

GYK1.5 网络版揭示数据编辑软件主要用于对 GYK 临时慢行、路票、绿色许可证、区间作业数据的编制。

1. 登录软件

双击桌面软件进行登录,登录界面如附图 2-1 所示。

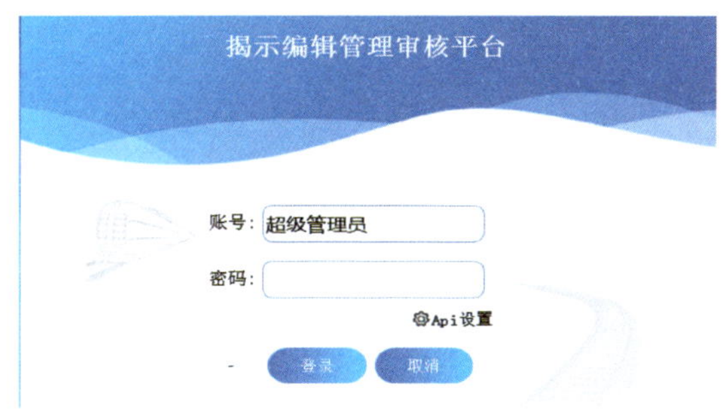

附图 2-1　软件登录界面

点击 Api 设置,设置好 WebApi 接口地址(各单位根据所接入的服务器地址)和网络超时设置,点击确认即可。

输入账号、密码后登录进入分析软件主界面,主界面是 GYK 网络版揭示编辑软件流程图(包括揭示编辑、揭示审核、下载核对、交付发布、下载运用),如附图 2-2 所示。

2. 软件设置

(1)系统设置

系统设置包括参数配置、线路管理、TMIS 管理。参数配置:对公里标单位“米”或“千米”的配置;对单位管内线路和起止里程进行配置。线路管理:对导入软件的工务线路信息

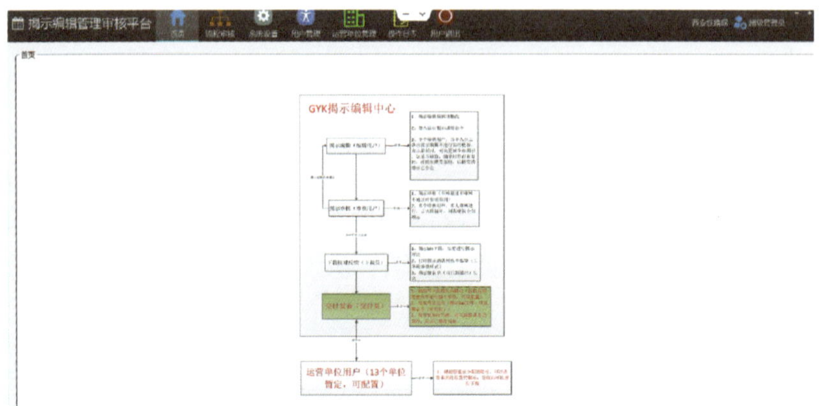

附图 2-2　分析软件主界面

进行管理，包括工务线路查询、导入、导出、删除、清空、添加等功能。TMIS 管理：对导入软件的 TMIS 站号进行管理，包括 TMS 站号的查询、添加、删除、清空和导入等功能。

①参数配置

登录管理员账号后，单击“系统设置”，再点击“参数配置”（默认进入系统设置），如附图 2-3 所示，进行参数配置。

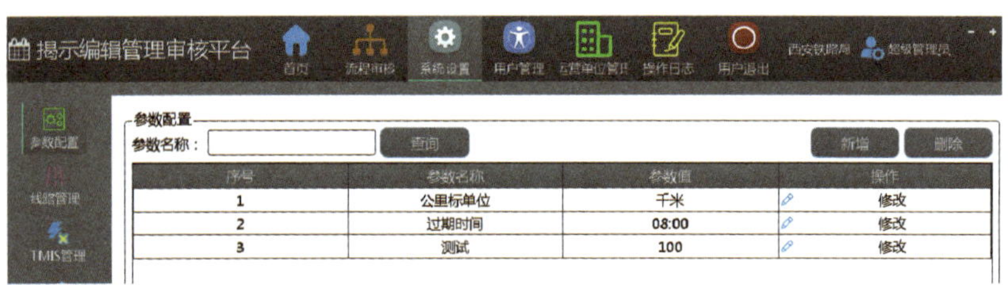

附图 2-3　参数配置界面

②线路管理

单击“系统设置”，再点击“线路管理”，如附图 2-4 所示。对工务线路号进行添加（填写线路号和线路名称点击保存即可)，修改(修改原有的线路信息击保存即可)，如附图 2-5 所示。批量导入线路号时需要导入文本文档或 TXT 文件。

参数配置 线路管理 TMIS管理 揭示令管理

线路管理

线路号 查询 导入 导出 删除 清空 添加线路

序号	线路号	线路名	操作
1	1	京广	修改
2	2	京沪	修改
3	3	陇海	修改
4	4	焦柳	修改
5	5	京九	修改
6	6	宁西	修改

附图 2-4　线路管理界面

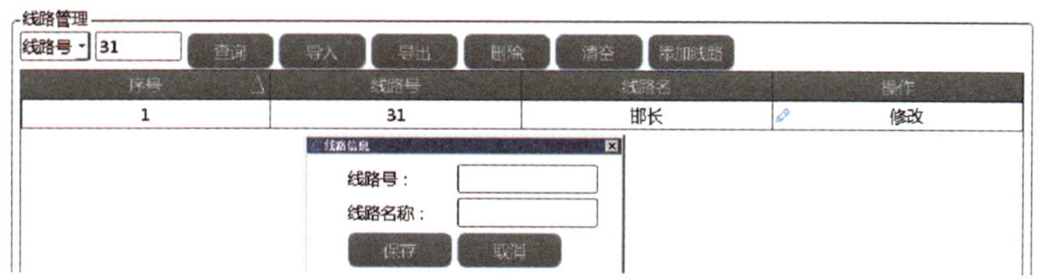

附图 2-5　线路添加界面

③TMIS 管理

以管理员身份登录后，单击“系统设置”，再点击“TMIS 管理”弹出 TMIS 信息管理界面，如附图 2-6 所示，对车站信息进行导入、清空、删除、添加、查询。

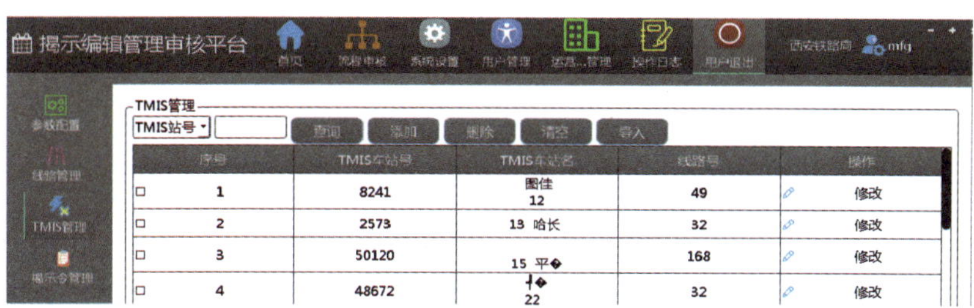

附图 2-6　TMIS 信息管理界面

(2)用户信息管理

以管理员身份登录后,单击“系统设置”,再点击“用户管理”:进入用户信息管理界面。对用户信息添加、删除以及用户权限的分配。添加用户时,用户名为汉字,密码不少于8位,需含大小写字母+特殊字符+数字,如附图2-7所示。

附图2-7　用户信息管理界面

(3)运用信息管理

以管理员身份登录后,点击“运营管理”,进入运用信息管理界面,通过“单位管理”进行添加或删除运用单位;通过“区段管理”添加和删除每个运用单位管理的工务线路、起止里程,如附图2-8所示。

附图2-8　运营信息管理界面

3. 数据编辑

(1)自动生成数据

登录GYK网络版揭示编辑软件,在“揭示令管理功能”中,通过“揭示原令导入”将接收到的“运行揭示调度命令”导入到网络版揭示编辑软件中,如附图2-9所示。

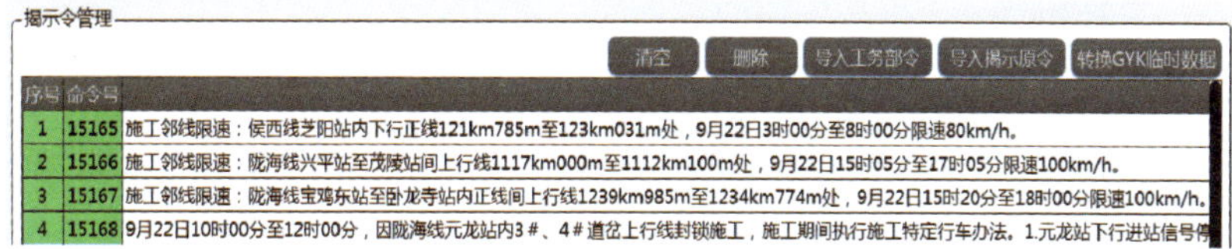

揭示令管理

清空　删除　导入工务部令　导入揭示原令　转换GYK临时数据

序号	命令号	
1	15165	施工邻线限速：侯西线芝阳站内下行正线121km785m至123km031m处，9月22日3时00分至8时00分限速80km/h。
2	15166	施工邻线限速：陇海线兴平站至茂陵站间上行线1117km000m至1112km100m处，9月22日15时05分至17时05分限速100km/h。
3	15167	施工邻线限速：陇海线宝鸡东站至卧龙寺站内正线间上行线1239km985m至1234km774m处，9月22日15时20分至18时00分限速100km/h。
4	15168	9月22日10时00分至12时00分，因陇海线元龙站内3＃、4＃道岔上行线封锁施工，施工期间执行施工特定行车办法。1.元龙站下行进站信号停

附图 2-9　揭示令管理界面

点击"转换 GYK 临时数据"将导入的运行揭示调度命令转换为 GYK 临时数据"jieshi2. bin"，并下载到 U 盘中。

在"查看"揭示功能中，点击"导入揭示文件"，选择生成的"jieshi2. bin"文件后，对内容进行查看，如附图 2-10 所示。

导入揭示文件

临时慢行　绿证　路票

序号	状态	命令号	工务线路号	行别	TMIS站号站名	限速	起始公里标	终点公里标	起始日期	起始时间	结束日期	结束时间	主三线	时间类型
1	审核通过	15166	3-陇海	上行		100	1117000	1112100	2023-09-22	15:05:00	2023-09-22	17:05:00	主线	昼夜
2	审核通过	15167	3-陇海	上行		100	1239985	1234774	2023-09-22	15:20:00	2023-09-22	18:00:00	主线	昼夜
3	审核通过	15172	3-陇海	上下		80	1102403	1103015	2023-09-22	18:00:00	2023-09-23	18:00:00	主线	昼夜
4	审核通过	15172	3-陇海	上下		120	1102403	1103015	2023-09-23	18:00:00	2023-09-24	18:00:00	主线	昼夜

附图 2-10　查看揭示界面

(2)编辑数据

编辑用户登录后，打开"流程审核"，进入"揭示编辑"界面，如附图 2-11 所示，进行新建、修改(双击原有的揭示信息进行修改)。多个揭示编辑员可同时登录进行 GYK 运行揭示数据编辑，通过刷新列表实时查看。

揭示编辑

临时慢行　绿证　路票

序号	状态	命令号	工务线路号	行别	TMIS站号站名	限速	起始公里标	起始长链标志	终点公里标	终点长链标志	起始日期	起始时间	结束日期	结束时间	主三线	时间类型	编辑员	审核员	审核失败原因
1	审核通过	15526	6497	上行		45	0700		0600		2021-03-31	18:00:00	2023-09-30	18:00:00	主线	昼夜	编辑员	审核人	
2	审核通过	15658	56	下行		45	453500		453900		2021-05-02	08:00:00	2023-05-02	08:00:00	主线	昼夜	编辑员	审核人	
3	审核通过	15637	459	上下行		25	3910		4010		2021-06-20	00:00:00	2023-06-20	00:00:00	主线	昼夜	编辑员	审核人	
4	审核通过	15659	2475	上下行		15	43372		46697		2022-01-10	08:00:00	2023-07-10	08:00:00	主线	昼夜	编辑员	审核人	
5	审核通过	15653	56	下行		80	250700		250800		2021-08-19	08:00:00	2023-08-19	08:00:00	主线	昼夜	编辑员	审核人	
6	审核通过	15654	428	下行		60	56620		56830		2022-02-28	18:00:00	2023-08-28	18:00:00	主线	昼夜	编辑员	审核人	
7	审核通过	15689	428	上行		60	56825		56615		2022-02-28	18:00:00	2023-08-28	18:00:00	主线	昼夜	编辑员	审核人	
8	审核通过	15655	56	下行		60	436850		436950		2022-03-07	08:00:00	2023-09-07	08:00:00	主线	昼夜	编辑员	审核人	
9	审核通过	15663	56	下行		45	388040		388150		2022-03-07	08:00:00	2023-09-07	08:00:00	主线	昼夜	编辑员	审核人	
10	审核通过	15688	456	上行		45	76100		76350		2022-03-28	08:00:00	2023-05-31	18:00:00	主线	昼夜	编辑员	审核人	
11	审核通过	15649	455	上下行		45	28832		29032		2022-04-04	08:00:00	2023-10-04	08:00:00	主线	昼夜	编辑员	审核人	
12	审核通过	15502	99	上下行		45	600000		599600		2022-04-05	08:00:00	2023-10-05	08:00:00	主线	昼夜	编辑员	审核人	
13	审核通过	15699	96	上下行		80	1218692		1215872		2022-04-12	08:00:00	2023-10-12	08:00:00	主线	昼夜	编辑员	审核人	
14	审核通过	15615	62	上行		45	107500		104600		2022-04-12	08:00:00	2023-10-12	08:00:00	主线	昼夜	编辑员	审核人	
15	审核通过	15632	62	下行		45	96500		96600		2022-04-12	08:00:00	2023-10-12	08:00:00	主线	昼夜	编辑员	审核人	
16	审核通过	15657	2475	上下行		45	207130		207230		2022-04-15	08:00:00	2023-10-15	08:00:00	主线	昼夜	编辑员	审核人	

附图 2-11　揭示编辑界面

①添加

单击工具栏中的“添加”按钮，编辑列表自动生成一条新的揭示数据，然后依次输入调度命令号、工务线路号、上下行、TMIS站名站号、限速、起始公里标、重复序号、终点公里标、重复序号、起始时间、起始时间、结束日期、结束时间等信息。

②编译

信息输入完毕后单击“编译”按钮，对编辑好的GYK运行揭示数据进行编译，正确时列表下方提示“成功”，有问题时提示“错误”，如附图2-12所示。

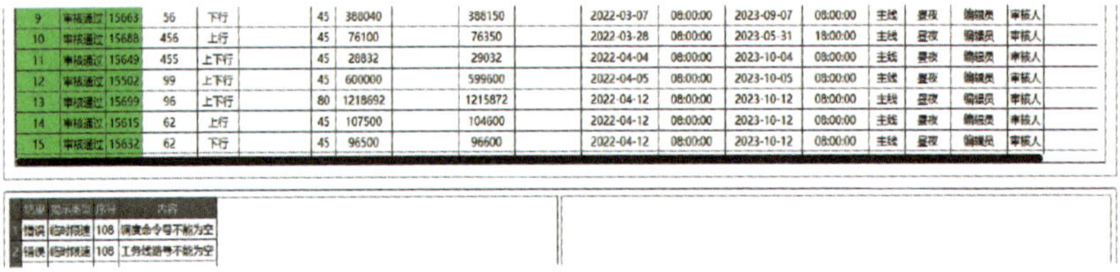

9	审核通过	15663	56	下行		45	388040		388150		2022-03-07	08:00:00	2023-09-07	08:00:00	主线	昼夜	编辑员	审核人
10	审核通过	15688	456	上行		45	76100		76350		2022-03-28	08:00:00	2023-05-31	18:00:00	主线	昼夜	编辑员	审核人
11	审核通过	15649	455	上下行		45	28832		29032		2022-04-04	08:00:00	2023-10-04	08:00:00	主线	昼夜	编辑员	审核人
12	审核通过	15502	99	上下行		45	600000		599600		2022-04-05	08:00:00	2023-10-05	08:00:00	主线	昼夜	编辑员	审核人
13	审核通过	15699	96	上下行		80	1218692		1215872		2022-04-12	08:00:00	2023-10-12	08:00:00	主线	昼夜	编辑员	审核人
14	审核通过	15615	62	上行		45	107500		104600		2022-04-12	08:00:00	2023-10-12	08:00:00	主线	昼夜	编辑员	审核人
15	审核通过	15632	62	下行		45	96500		96600		2022-04-12	08:00:00	2023-10-12	08:00:00	主线	昼夜	编辑员	审核人

	[illegible]	[illegible]	[illegible]	[illegible]
1	错误	临时限速	108	调度命令号不能为空
2	错误	临时限速	108	工务线路号不能为空

附图2-12　错误提示

③保存

编译成功后，单击工具栏中的“保存”按钮，对编辑好的GYK运行揭示数据进行保存，列表下方提示“成功”，自动保存到服务器中以待复核员对其进行审核。

(3)揭示审核

审核用户登录后，打开“流程审核”，进入“揭示审核”界面，如附图2-13所示。对编辑完成的GYK运行揭示数据进行审核，审核通过后保存，进行下一步下载核对。

(4)下载核对

下载核对员登录后，打开“流程审核”，进入“下载核对”界面，如附图2-14所示。

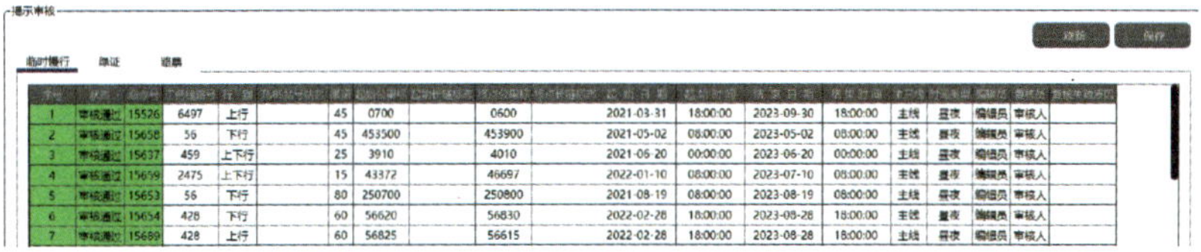

序号	状态	命令号	工务线路号	行别	[illegible]	限速	起始公里标	起始长链标志	终点公里标	终点长链标志	起始日期	起始时间	结束日期	结束时间	主三线	时间类型	编辑员	审核员	[illegible]
1	审核通过	15526	6497	上行		45	0700		0600		2021-03-31	18:00:00	2023-09-30	18:00:00	主线	昼夜	编辑员	审核人	
2	审核通过	15658	56	下行		45	453500		453900		2021-05-02	08:00:00	2023-05-02	08:00:00	主线	昼夜	编辑员	审核人	
3	审核通过	15637	459	上下行		25	3910		4010		2021-06-20	00:00:00	2023-06-20	00:00:00	主线	昼夜	编辑员	审核人	
4	审核通过	15659	2475	上下行		15	43372		46697		2022-01-10	08:00:00	2023-07-10	08:00:00	主线	昼夜	编辑员	审核人	
5	审核通过	15653	56	下行		80	250700		250800		2021-08-19	08:00:00	2023-08-19	08:00:00	主线	昼夜	编辑员	审核人	
6	审核通过	15654	428	下行		60	56620		56830		2022-02-28	18:00:00	2023-08-28	18:00:00	主线	昼夜	编辑员	审核人	
7	审核通过	15689	428	上行		60	56825		56615		2022-02-28	18:00:00	2023-08-28	18:00:00	主线	昼夜	编辑员	审核人	

附图 2-13　揭示审核界面

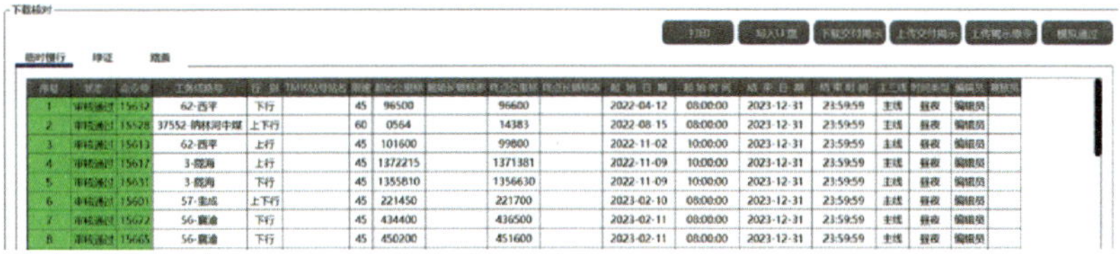

序号	状态	命令号	工务线路号	行别	TMIS站码站名	限速	起始公里标	起始长链标志	终点公里标	终点长链标志	起始日期	起始时间	结束日期	结束时间	主三线	时间类型	编辑员	审核员
1	审核通过	15632	62-西平	下行		45	96500		96600		2022-04-12	08:00:00	2023-12-31	23:59:59	主线	昼夜	编辑员	
2	审核通过	15528	37552-呐林河中煤	上下行		60	0564		14383		2022-08-15	08:00:00	2023-12-31	23:59:59	主线	昼夜	编辑员	
3	审核通过	15613	62-西平	上行		45	101600		99800		2022-11-02	10:00:00	2023-12-31	23:59:59	主线	昼夜	编辑员	
4	审核通过	15617	3-陇海	上行		45	1372215		1371381		2022-11-09	10:00:00	2023-12-31	23:59:59	主线	昼夜	编辑员	
5	审核通过	15631	3-陇海	下行		45	1355810		1356630		2022-11-09	10:00:00	2023-12-31	23:59:59	主线	昼夜	编辑员	
6	审核通过	15601	57-宝成	上下行		45	221450		221700		2023-02-10	08:00:00	2023-12-31	23:59:59	主线	昼夜	编辑员	
7	审核通过	15672	56-襄渝	下行		45	434400		436500		2023-02-11	08:00:00	2023-12-31	23:59:59	主线	昼夜	编辑员	
8	审核通过	15665	56-襄渝	下行		45	450200		451600		2023-02-11	08:00:00	2023-12-31	23:59:59	主线	昼夜	编辑员	

附图 2-14　下载核对界面

将专用转储 U 盘插到电脑 USB 口，点击写入优盘，提示写入优盘成功，如附图 2-15 所示。同时点击“下载交付揭示”自动生成交付揭示，并保存到“D/西铁揭示数据网络版 V1.5/3. 写入 U 盘/××月××日揭示令”目录下。

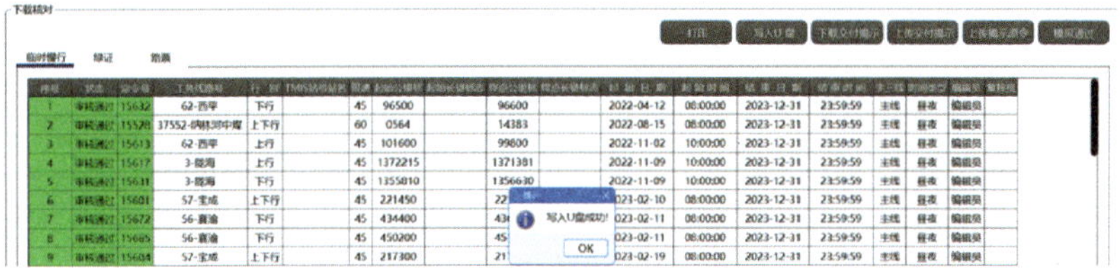

序号	状态	命令号	工务线路号	行别	TMIS站码站名	限速	起始公里标	起始长链标志	终点公里标	终点长链标志	起始日期	起始时间	结束日期	结束时间	主三线	时间类型	编辑员	审核员
1	审核通过	15632	62-西平	下行		45	96500		96600		2022-04-12	08:00:00	2023-12-31	23:59:59	主线	昼夜	编辑员	
2	审核通过	15528	37552-呐林河中煤	上下行		60	0564		14383		2022-08-15	08:00:00	2023-12-31	23:59:59	主线	昼夜	编辑员	
3	审核通过	15613	62-西平	上行		45	101600		99800		2022-11-02	10:00:00	2023-12-31	23:59:59	主线	昼夜	编辑员	
4	审核通过	15617	3-陇海	上行		45	1372215		1371381		2022-11-09	10:00:00	2023-12-31	23:59:59	主线	昼夜	编辑员	
5	审核通过	15631	3-陇海	下行		45	1355810		1356630		2022-11-09	10:00:00	2023-12-31	23:59:59	主线	昼夜	编辑员	
6	审核通过	15601	57-宝成	上下行		45	221450		22		023-02-10	08:00:00	2023-12-31	23:59:59	主线	昼夜	编辑员	
7	审核通过	15672	56-襄渝	下行		45	434400		43		023-02-11	08:00:00	2023-12-31	23:59:59	主线	昼夜	编辑员	
8	审核通过	15665	56-襄渝	下行		45	450200		45		023-02-11	08:00:00	2023-12-31	23:59:59	主线	昼夜	编辑员	
9	审核通过	15604	57-宝成	上下行		45	217300		21		023-02-19	08:00:00	2023-12-31	23:59:59	主线	昼夜	编辑员	

附图 2-15　揭示写入优盘界面

在数据测试仪上进行模拟试运行，核对无误后，上传 GYK 运行揭示数据至 GYK 网络版分析软件服务器。完成后点击“模拟通过”，弹出“提交到交付中心成功”，如附图 2-16 所示。

(5)交付发布

交付员登录网络版揭示编辑软件，打开“流程审核”，进入“交付发布”界面，如附图 2-17 所示。

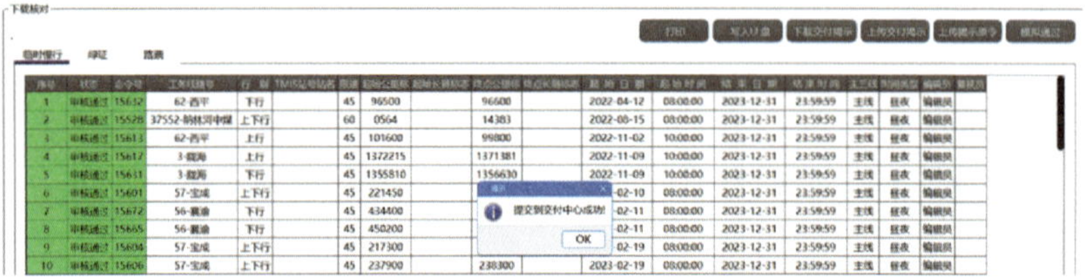

附图 2-16　提交到交付中心成功界面

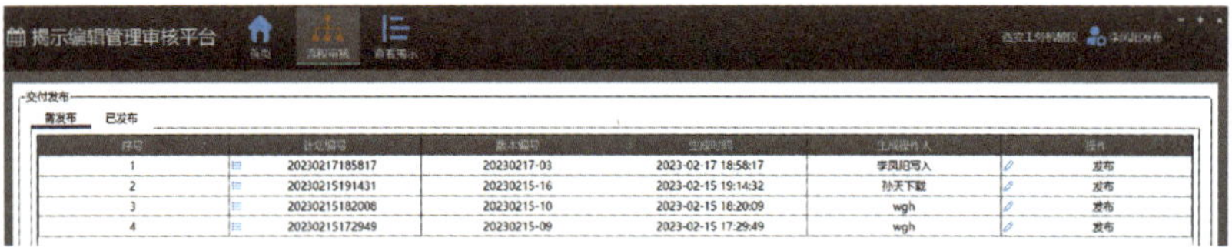

附图 2-17　交付发布界面

选中左上角的“需发布”，在操作栏点击“发布”，弹出“发布成功”，GYK 运行揭示数据发布到各运用单位，如附图 2-18 所示。

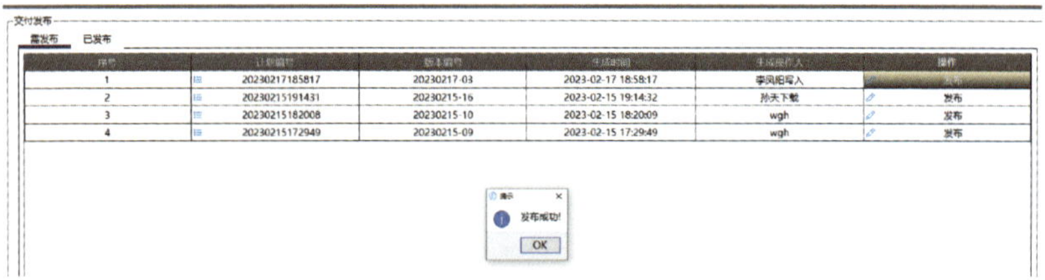

附图 2-18　发布成功界面

在已发布列表右边点击“下载详情”，进入下载详情页面如附图 2-19 所示。此页面查看各运用单位揭示签收情况，并下载各运用单位的签收确认表。

(6)下载运用

各运用单位揭示下载人员登录后，打开“流程审核”，进入下载运用界面，如附图 2-20 所示。在下载运用中签收并下载运行揭示调度命令、交付揭示以及 GYK 临时数据文件。

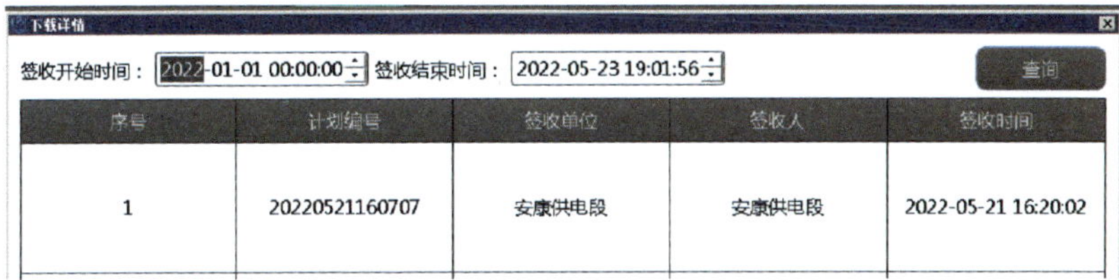

下载详情

签收开始时间：2022-01-01 00:00:00　签收结束时间：2022-05-23 19:01:56　查询

序号	计划编号	签收单位	签收人	签收时间
1	20220521160707	安康供电段	安康供电段	2022-05-21 16:20:02

附图 2-19　下载详情界面

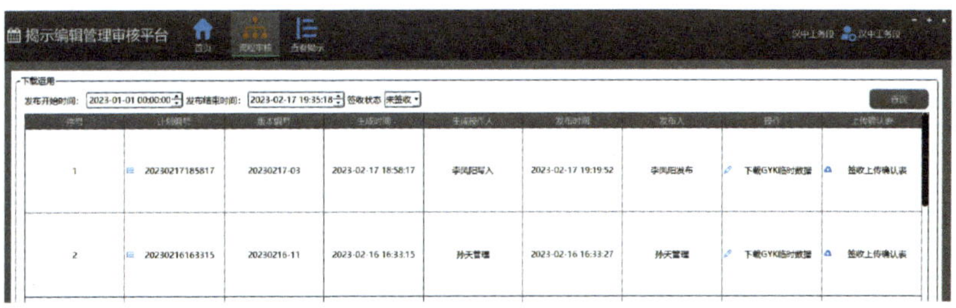

揭示编辑管理审核平台

下载运用

发布开始时间：2023-01-01 00:00:00　发布结束时间：2023-02-17 19:35:18　签收状态 未签收

序号	计划编号	版本编号	生成时间	生成操作人	发布时间	发布人	操作	上传确认表
1	20230217185817	20230217-03	2023-02-17 18:58:17	李凤阳写入	2023-02-17 19:19:52	李凤阳发布	下载GYK临时数据	签收上传确认表
2	20230216163315	20230216-11	2023-02-16 16:33:15	孙天管理	2023-02-16 16:33:27	孙天管理	下载GYK临时数据	签收上传确认表

附图 2-20　下载运用界面

各运用单位下载人员核对完 GYK 临时数据后，将填写好的“运行揭示及 GYK 临时数据文件确认表”扫描后点击上传，如附图 2-21 所示。

下载运用

发布开始时间：2023-01-01 00:00:00　发布结束时间：2023-02-17 19:35:18　签收状态 未签收

序号	计划编号	版本编号	生成时间	生成操作人	发布时间	发布人	操作	上传确认表
1	20230217185817	20230217-03	2023-02-17 18:58:17	李凤阳写入	2023-02-17 19:19:52	李凤阳发布	下载GYK临时数据	[illegible]
2	20230216163315	20230216-11	2023-02-16 16:33:15	孙天管理	2023-02-16 16:33:27	孙天管理	下载GYK临时数据	签收上传确认表
3	20230216095447	20230216-09	2023-02-16 09:54:48	孙天管理	2023-02-16 09:54:56	孙天管理	下载GYK临时数据	签收上传确认表
4	20230216093442	20230216-08	2023-02-16 09:34:42	李凤阳写入	2023-02-16 09:36:11	李凤阳发布	下载GYK临时数据	签收上传确认表
5	20230215190245	20230215-14	2023-02-15 19:02:46	孙天管理	2023-02-15 19:03:04	孙天管理	下载GYK临时数据	签收上传确认表
6	20230215184507	20230215-12	2023-02-15 18:45:07	[illegible]	2023-02-15 18:45:44	wgh	下载GYK临时数据	签收上传确认表
7	20230215182838	20230215-11	2023-02-15 18:28:38	[illegible]	2023-02-15 18:29:20	wgh	下载GYK临时数据	签收上传确认表
8	20230214094349	20230214-02	2023-02-14 09:43:50	[illegible]	2023-02-15 16:50:25	孙天发布	下载GYK临时数据	签收上传确认表
9	20230214094607	20230214-02	2023-02-14 09:46:07	[illegible]	2023-02-15 16:50:23	孙天发布	下载GYK临时数据	签收上传确认表
10	20230111102909	20230111-01	2023-01-11 10:29:09	wgh	2023-01-11 10:29:13	wgh	下载GYK临时数据	签收上传确认表
11	20230110093900	20230110-01	2023-01-10 09:39:00	超级管理员	2023-01-11 10:15:12	超级管理员	下载GYK临时数据	签收上传确认表

提示　上传完成　OK

附图 2-21　上传确认表界面

附件 3

运行揭示调度命令接收检索登记表

接令日期：　　　　年　　月　　日

序号	发令部门	调度员姓名	发出时刻	命令号码	接令人姓名	接令时间	不相关命令（×）	作业、审核人员（签名）			
								撤除命令号码	核对	检索	审核

填写说明：

1. 接令日期填写接令当天日期。

2. 发令部门、调度员姓名、发出时刻、命令号码、接令人姓名、接令时间栏，按照接到的调度命令实际情况进行填写。

3. 检索过程中，若命令无需编制 GYK 临时数据文件时，在不相关命令处画（×）。

4. 检索过程中，若命令为撤除（取消）前发某条调度命令时，需查前发命令，若前发命令未编制 GYK 临时数据文件时，则在不相关命令处画（×），同时在撤除命令号码处写上撤除号码；若前发命令已编制 GYK 临时数据文件时，在撤除命令号码处写上撤除号码。

5. 命令签收人员检索后在检索栏目签字，命令复核人员复核无误后在核对栏目签字，GYK 揭示编辑中心主管工程师（及以上）审核后，在审核处签字。

附件 4

GYK 临时数据文件编制核对登记表

日期：　年　　月　　日

序号	命令号	线路名称	行别	开始公里标	结束公里标	开始时间	结束时间	限速值		数据类型	时间类型	备注
								普速	高铁			

编制人：　　　　核对人：　　　　模拟测试人：　　　　审核人：

填写说明：

1. 日期为编辑当天时的日期。

2. 命令号、线路名称、行别、开始公里标、结束公里标、开始时间、结束时间、限速值（分普速和高铁）及数据类型栏，根据调度命令内容实际填写。

3. 若调度命令为无终止期限时，结束时间处不填写，数据类型填写为长期限速，若调度命令为有终止期限时，结束时间处按实际情况填写，数据类型填写为临时限速。

4. 编辑主台人员在编制人处签名，编辑副台人员核对无误后，在核对人处签名，模拟主台人员模拟无误后在模拟测试人处签名，主管工程师（及以上）审核后，在审核人处签字。

附件 5

运行揭示调度命令撤除填写说明

命令号	15130	(局)施工台	(西)西安局施工台	调度员	曹二	联系电话	×××-×××××
起止时间	____年__月__日至____年__月__日			起示日期	____年__月__日	撤除日期	2022 年 6 月 6 日(手写)
命令内容	施工邻线限速:宝成线冉家河站至朝天南站间上行线 332 km800 m 至 322 km400 m 处,6 月 4 日 19 时 20 分至 6 月 5 日 19 时 20 分限速 45 km/h。						

单位:工务机械段　　签收人:牛三　　3 日 11 时 36 分签收　　复核人:姜四　　撤除人:李五(手写)

附件 6

无终止期限运行揭示核对、撤除登记表

命令号	命令内容	接收时间	接收人	编辑人	首次起控时间	按月核对时间	按月核对时间	按月核对时间	按月核对时间	按月核对时间	按月核对时间	按月核对时间	按月核对时间	按月核对时间
	背面粘贴运行揭示调度命令													
						核对人	核对人	核对人	核对人	核对人	核对人	核对人	核对人	核对人
		按月核对时间	按月核对时间	按月核对时间	按月核对时间	按月核对时间	按月核对时间	按月核对时间	按月核对时间	按月核对时间	撤除命令号	撤除时间	撤除人	审核人
		核对人	核对人	核对人	核对人	核对人	核对人	核对人	核对人	核对人				

填写说明：

1. 收到无终止期限运行揭示调度命令时，按照命令内容，填写表中的命令号、接收时间、首次起控时间。
2. 打印好运行揭示调度命令，粘贴于表格后面(运行揭示调度命令需按要求签字)。
3. 接收人处由命令签收人员签字，编辑人处由编辑主台人员签字。
4. 每月月底由编辑主副台人员与发令单位核对后，填写按月核对时间，并在核对人处签字。
5. 收到取消(撤除)该条无终止期限运行揭示调度命令时，按照取消命令内容，填写撤除该令的命令号，撤除时间，撤除人处由当日编辑主台人员撤除后签字，审核人为主管工程师(及以上)审核无误后，在该处签字。

附件 7

运行揭示及 GYK 临时数据文件确认表

年　月　日　　　　　共　页　　第　页

<table>
<tr><td colspan="3">本次新增运行揭示
调度命令</td><td colspan="2">计　　条</td><td colspan="3">新增 GYK 临时
数据文件</td><td colspan="2">计　　条</td></tr>
<tr><td colspan="3">本次接收运行揭示
调度命令</td><td colspan="2">计　　条</td><td colspan="3">GYK 临时
数据文件</td><td colspan="2">计　　条</td></tr>
<tr><td>序号</td><td>线别</td><td>运行揭示
调度命令
号码</td><td>分解后
GYK
临时数据
文件条数</td><td>备注</td><td>序号</td><td>线别</td><td>运行揭示
调度命令
号码</td><td>分解后
GYK
临时数据
文件条数</td><td>备注</td></tr>
<tr><td></td><td></td><td></td><td></td><td></td><td></td><td></td><td></td><td></td><td></td></tr>
<tr><td></td><td></td><td></td><td></td><td></td><td></td><td></td><td></td><td></td><td></td></tr>
<tr><td></td><td></td><td></td><td></td><td></td><td></td><td></td><td></td><td></td><td></td></tr>
<tr><td></td><td></td><td></td><td></td><td></td><td></td><td></td><td></td><td></td><td></td></tr>
<tr><td></td><td></td><td></td><td></td><td></td><td></td><td></td><td></td><td></td><td></td></tr>
<tr><td></td><td></td><td></td><td></td><td></td><td></td><td></td><td></td><td></td><td></td></tr>
<tr><td></td><td></td><td></td><td></td><td></td><td></td><td></td><td></td><td></td><td></td></tr>
<tr><td>说明</td><td colspan="9">1. ××—××(线别),运行揭示×条、GYK 运行揭示数据×条;
2. ××—××(线别),运行揭示×条、GYK 运行揭示数据×条;
…</td></tr>
<tr><td colspan="2">编辑单位</td><td colspan="2"></td><td>审核人</td><td colspan="2"></td><td colspan="2">审核时间</td><td></td></tr>
<tr><td colspan="2">使用单位</td><td colspan="2"></td><td>确认人</td><td colspan="2"></td><td colspan="2">确认时间</td><td></td></tr>
</table>

续上表

填写说明： 1. 该表为各运用单位手写提报，每日 17 时前回传。 2.“年　月　日”栏：为当日实际日期，“共　页第　页”栏：回传实际页数。 3.“本次新增运行揭示调度命令”处按各运用单位管辖范围内新增运行揭示调度命令条数(以命令号统计)，“新增 GYK 临时数据文件”处为各运用单位新增的 GYK 临时数据文件条数(各运用单位填写)。 4.“线别”栏：对管辖范围当日新增的运行揭示调度命令线别进行填记。 5.“运行揭示调度命令号码”栏：对当日接收管辖范围新增的命令号码填记。 6.“分解后 GYK 临时数据文件条数”栏：对应该条运行揭示命令分解的 GYK 临时数据文件条数填记，若一条命令包含复数线别，以-1、-2、-3、…按线别分别填记。 7.“备注”栏：当日接收到的命令为撤销命令时，填记“撤销”。特定行车和普速线路 80 km/h(含)以上，无有效临时数据条目时，备注栏填记“特定”“超(编辑)范围”，停工命令填记“停工”，分解 GYK 条数栏填 0 条， 8.“说明”栏：各运用单位统计各线运行揭示条数、GYK 临时数据条数。各线 GYK 临时数据条数之和应与“本次新增 GYK 临时数据文件”栏数目相同。车辆总数填本单位安装运记车辆总数，GYK 临时数据载入填记当日上线载入台数。 9.“使用单位/确认人/确认时间”栏：为各运用单位名称，并加盖主管科室印章。

附件 8

运行揭示及 GYK 临时数据文件传递接收核对登记表

日期：　　年　　月　　日　　　　　　　　发送人：　　　　　　　　发送时间：

<table>
<tr><td rowspan="4">段名</td><td rowspan="4">区段名称</td><td rowspan="4">命令号</td><td colspan="3" rowspan="2">交付揭示数目</td><td colspan="3" rowspan="2">GYK 临时数据文件条数</td><td colspan="7">接收核对情况</td></tr>
<tr><td>接收部门</td><td></td><td></td><td></td><td></td><td></td><td></td></tr>
<tr><td rowspan="2">上行</td><td rowspan="2">下行</td><td rowspan="2">全部</td><td rowspan="2">限速条数</td><td rowspan="2">特殊条数</td><td rowspan="2">总条数</td><td>接收人</td><td></td><td></td><td></td><td></td><td></td><td></td></tr>
<tr><td>接收核对时间</td><td></td><td></td><td></td><td></td><td></td><td></td></tr>
<tr><td></td><td></td><td></td><td></td><td></td><td></td><td></td><td></td><td></td><td></td><td></td><td></td><td></td><td></td><td></td><td></td></tr>
<tr><td></td><td></td><td></td><td></td><td></td><td></td><td></td><td></td><td></td><td></td><td></td><td></td><td></td><td></td><td></td><td></td></tr>
<tr><td></td><td></td><td></td><td></td><td></td><td></td><td></td><td></td><td></td><td></td><td></td><td></td><td></td><td></td><td></td><td></td></tr>
<tr><td></td><td></td><td></td><td></td><td></td><td></td><td></td><td></td><td></td><td></td><td></td><td></td><td></td><td></td><td></td><td></td></tr>
<tr><td></td><td></td><td></td><td></td><td></td><td></td><td></td><td></td><td></td><td></td><td></td><td></td><td></td><td></td><td></td><td></td></tr>
</table>

填写说明：

1. 日期为发送时的日期，发送人为命令签收与命令复核人员共同确认发送文件后签字，发送时间为实际发送时间。
2. 段名为各运用单位名称，区段名为该段涉及的线路名称。
3. 命令号为该段当日新增的命令号（未编入 GYK 临时数据文件的按实际情况进行备注说明）。
4. 数目为该区段新增命令总数，按照行别填写。
5. GYK 临时数据文件条数，限速条数为分解后的新增条数，特殊条数为未编辑成 GYK 临时数据文件的条数，总条数为限速条数与特殊条数之和。
6. 接收核对情况处接收部门为各运用单位，接收人为各运用单位实际接收人，接收核对时间为实际接收时间。

附件 9

运行揭示及 GYK 临时数据编辑示例

1. 写入 GYK 临时数据文件的临时限速值不得高于线路允许速度值，遇运行揭示调度命令跨越长短链时，编制 GYK 临时数据文件要认真核对命令中长短链里程，确保 GYK 控制里程与线路实际里程相符。

(1)示例 1

①命令。15126 号:“施工邻线限速:陇海线武功站内上行正线 1145 km 500 m 至 1145 km 249 m 处，12 月 7 日 13 时 00 分至 16 时 30 分限速 80 km/h”。

②编辑。12 月 7 日 13 时 00 分至 16 时 30 分，陇海线武功站内上行正线 1145 km 500 m 至 1145 km 249 m 处限速 80 km/h。其编制界面显示见附表 9-1。

(2)示例 2

①命令。15638 号:“襄渝线达州至双龙区间上行线 579 km 000 m 至 580 km 000 m 处，12 月 7 日 13 时 00 分至 16 时 30 分限速 60 km/h”。

②编辑。12 月 7 日 13 时 00 分至 16 时 30 分，襄渝线达州至双龙区间上行线 579 km 000m 至 580 km 000m 处限速 60 km/h。其编制界面显示见附表 9-2。

2. 对于运行揭示调度命令中限速里程含有对应里程公里时，应将对应里程公里同时编制 GYK 临时数据文件。

①命令。15197 号:“因 12 月 7 日 14 时 00 分至 17 时 30 分，西康线窑村站内正线至田王站间下行线封锁，18 km

013 m至24 km 804 m处施工。开通后西康线窑村站内正线至田王站间下行线18 km 900 m至24 km 804 m(相对应陇海线窑村站内下行正线1055 km 000 m至1057 km 000 m)处第1列限速35 km/h禁止放行旅客列车,第2、3列限速45 km/h;12月7日17时30分至12月8日17时30分限速60 km/h运行。其中开通后第1、2、3列限速由列车调度员传递调度命令”。

②编辑。12月7日14时00分至12月8日17时30分,西康线窑村站内正线至田王站间下行线18 km 900 m至24 km 804 m(相对应陇海线窑村站内下行正线1055 km 000 m至1057 km 000 m)处限速60 km/h。其编制界面显示见附表9-3。

3. 限速类、提示类GYK临时数据文件,编制依据未明确行别时,行别按“上下行”编制。

①命令。15129号:“施工邻线限速:西平线宁县南站内正线156 km 000 m至157 km 000 m处,12月7日13时00分至16时30分限速60 km/h”。

②编辑。12月7日13时00分至16时30分,西平线宁县南站内上下行正线156 km 000 m至157 km 000 m处限速60 km/h。其编制界面显示见附表9-4。

4. 开始时间为24点时,开始日期按次日、开始时间按0点0分;结束时间为24点时,按23时59分59秒;未明确起始时间的,起始时间按接令日期、时间进行编制,开始日期取编写当天日期,开始时间取编写时的时间;编制依据未明确终止日期、时间时,结束日期、结束时间按12月31日23时59分59秒。

(1)示例 1

①命令。15136 号:“施工邻线限速:陇海线武功站内下行正线 1145 km 249 m 至 1145 km 500 m 处,12 月 7 日 24 时 00 分至 12 月 8 日 24 时 00 分限速 80 km/h”。

②编辑。12 月 8 日 00 时 00 分至 12 月 8 日 23 时 59 分,陇海线武功站内下行正线 1145 km 500 m 至 1145 km 249 m 处限速 80 km/h。其编制界面显示见附表 9-5。

(2)示例 2

①命令。15137 号:“自接令时起,陇海线武功站内下行正线 1145 km 249 m 至 1145 km 500 m 处线路下沉,至另有命令时止限速 80 km/h”。

②编辑。2021 年 12 月 7 日 10 时 50 分 00 秒(自接令时起)至 12 月 31 日 23 时 59 分 59 秒,陇海线武功站内下行正线 1145 km 249 m 至 1145 km 500 m 处限速 80 km/h。其编制界面显示见附表 9-6。

2022 年 1 月 1 日 00 时 00 分 00 秒至 12 月 31 日 23 时 59 分 59 秒,陇海线武功站内下行正线 1145 km 249 m 至 1145 km 500 m 处限速 80 km/h。

③备注。2021 年 12 月 7 日 10 时 50 分为接令日期时间。遇跨年,该令的起始时间按次年 1 月 1 日 0 时 0 分编辑。

5. 设有多架连续接发车进路和总出站信号机的车站绿色许可证或停用基本闭塞法改电话闭塞法(以下简称停基改电)行车,编制 GYK 临时数据文件时,受控车站及其车站编号须与“站名信息表”一致。行车方式涉及多个车站时,命令公布里程应按前方站里程进行编制。

编辑停基改电的 GYK 临时数据文件时,必须严格按列车运行方向的行别并根据“西安局集团公司运行揭示调度命令写卡区段站序示意图”确定起止车站的顺序。

停基改电、绿色许可证运行揭示，按行别分别编制 GYK 临时数据文件，不得按“上下行”方式编制。

(1)示例 1:路票行车

①命令。15325 号:6 月 22 日 21 时 15 分至 6 月 23 日 0 时 15 分，因襄渝线青花站施工，施工期间执行施工特定行车办法。

a. 青花站全站信号停用，上行引导接车并正线通过时，列车凭特定引导手信号的显示，以不超过 60 km/h 速度进站。

b. 花楼坝站至青花站至万源站间上行线停用基本闭塞法，改用电话闭塞法行车。青花站使用列车无线调度通信设备(其语音记录装置须作用良好)将路票电话记录号码和调度命令号码通知司机，列车凭通过手信号通过车站。

c. 停止万源站至青花站至花楼坝站间下行线接发列车。

②编辑。

a. 根据调度命令内容，查找有效信息，其编制界面见附表 9-7。

b. 在 GYK 揭示编辑软件中，在编辑界面，点击“票”后，添加编辑行，按上表中信息输入相关参数，然后按照点击编译、等待复核、保存。

c. 在 GYK 揭示编辑软件中复核界面，核对无误后，选中数据，点击审核通过。

d. 在 GYK 揭示编辑软件中下载界面，将编辑数据，写入 U 盘。编辑结束。

(2)示例2:绿色许可证行车

①命令。15427号:因6月30日6时30分至9时20分,襄渝线花楼坝站内3号、5号、4号、6号、9号、13号、14号、16号道岔上行线封锁,503 km 321 m至501 km 539 m处施工。

施工期间执行施工特定行车办法。

a. 花楼坝站下行进站信号停用,引导接车并正线通过时,列车凭特定引导手信号的显示,以不超过60 km/h速度进站。

b. 花楼坝站下行出站信号停用,车站使用列车无线调度通信设备(其语音记录装置须作用良好)将绿色许可证编号和调度命令号码通知司机,列车凭通过手信号通过车站。

②编辑。

a. 根据调度命令内容,查找有效信息,其编制界面见附表9-8。

b. 在GYK揭示编辑软件中,在编辑界面,点击“绿”后,添加编辑行,按上表中信息输入相关参数,然后按照点击编译、等待复核、保存。

c. 在GYK揭示编辑软件中复核界面,核对无误后,选中数据,点击审核通过。

d. 在GYK揭示编辑软件中下载界面,将编辑数据,写入U盘。编辑结束。

附表 9-1　示例 1 编制界面显示

序号	状态	命令号	工务线路号	行别	TMIS站名站号	限速	起始公里标	长链标志	终点公里标	长链标志	起始日期	起始时间	结束日期	结束时间	主三线	时间类型
1	正在编辑	15126	3	上行		80	1145＋500		1145＋249		2021-12-7	13:00:00	2021-12-7	16:30:00	主线	昼夜

附表 9-2　示例 2 编制界面显示

序号	状态	命令号	工务线路号	行别	TMIS站名站号	限速	起始公里标	长链标志	终点公里标	长链标志	起始日期	起始时间	结束日期	结束时间	主三线	时间类型
1	正在编辑	15638	56	上行		60	579＋000	A	580＋000		2021-12-7	13:00:00	2021-12-7	16:30:00	主线	昼夜

附表 9-3　限速里程、对应里程同时编制界面显示

序号	状态	命令号	工务线路号	行别	TMIS站名站号	限速	起始公里标	长链标志	终点公里标	长链标志	起始日期	起始时间	结束日期	结束时间	主三线	时间类型
1	正在编辑	15197	428	下行		60	18＋900		24＋804		2021-12-7	14:00:00	2021-12-8	17:30:00	主线	昼夜
2	正在编辑	15197	3	下行		60	1055＋000		1057＋000		2021-12-7	14:00:00	2021-12-8	17:30:00	主线	昼夜

附表 9-4　按“上下行”编制界面显示

序号	状态	命令号	工务线路号	行别	TMIS站名站号	限速	起始公里标	长链标志	终点公里标	长链标志	起始日期	起始时间	结束日期	结束时间	主三线	时间类型
1	正在编辑	15129	62	上下行		60	156＋000		157＋500		2021-12-7	13:00:00	2021-12-7	16:30:00	主线	昼夜

附表 9-5　开始时间 24 点、结束时间 24 点编制界面显示

序号	状态	命令号	工务线路号	行别	TMIS站名站号	限速	起始公里标	长链标志	终点公里标	长链标志	起始日期	起始时间	结束日期	结束时间	主三线	时间类型
1	正在编辑	15136	3	下行		80	1145＋249		1145＋500		2021-12-8	00:00:00	2021-12-8	23:59:59	主线	昼夜

附表 9-6　未明确起始时间编制界面显示

序号	状态	命令号	工务线路号	行别	TMIS站名站号	限速	起始公里标	长链标志	终点公里标	长链标志	起始日期	起始时间	结束日期	结束时间	主三线	时间类型
1	正在编辑	15137	3	下行		80	1145＋249		1145＋500		2021-12-8	10:50:00	2021-12-31	23:59:59	主线	昼夜
2	正在编辑	15137	3	下行		80	1145＋249		1145＋500		2022-1-1	00:00:00	2022-12-31	23:59:59	主线	昼夜

附表 9-7　路票行车 GYK 编制界面

序号	命令号	工务线路号	行别	TMIS站名站号	进站公里标	长链标志	起始日期	起始时间	结束日期	结束时间
1	15325	56 襄渝	上行	29930	476466		2022-6-22	21:15:00	2022-6-23	0:15:00
2	15325	56 襄渝	上行	29921	464100		2022-6-22	21:15:00	2022-6-23	0:15:00

注意：29930TMIS 站名站号为花楼坝站名站号，29921TMIS 站名站号为青花站名站号；476466 为青花进站公里标，464100 为万源站进站公里标。

附表 9-8　绿色许可证行车 GYK 编制界面

序号	命令号	工务线路号	行别	TMIS站名站号	限速	起始日期	起始时间	结束日期	结束时间
1	15427	56 襄渝	上行	29930	60	2022-6-30	06:30:00	2022-6-30	09:30:00

注意：TMIS 站名站号为当前站名站号。

附件 10

交付揭示案例

一、交付揭示编写时按照上下行，里程由小到大或由大到小的原则进行编写，其中“▲”表示编入 GYK 临时数据文件的运行揭示调度命令，“△”表示未编入 GYK 临时数据文件的运行揭示调度命令。交付有效时间为当日 17:00 至次日 24:00，示例如下。

襄渝线交付揭示

交付日期:2022 年 6 月 4 日 17 时 00 分有效时间至 2022 年 6 月 5 日 24 时 00 分

（上行）

1. ▲运行揭示调度命令 15389 号:施工邻线限速:襄渝线达州站至双龙站内正线间上行线 580 km 695 m 至 574 km 648 m 处，6 月 4 日 22 时 30 分至 6 月 5 日 1 时 30 分限速 60 km/h。

2. △运行揭示调度命令 15399 号:因 6 月 5 日 7 时 40 分至 11 时 10 分，襄渝线高滩站至向阳镇站内正线至紫阳站间上行线封锁，393 km 092 m 至 369 km 619 m 处施工。

开通后襄渝线高滩站至向阳镇站间上行线 380 km 842 m 至 379 km 000 m 处第 1 列限速 45 km/h，第 2 列限速 60 km/h；6 月 5 日 11 时 10 分至 6 月 6 日 11 时 10 分限速 120 km/h 运行。其中开通后第 1、2 列限速由列车调度员传递调度命令。

（下行）

1. ▲运行揭示调度命令 15378 号:因 6 月 4 日 8 时 30 分

至12时00分，襄渝线白河东站至下冷水站(站内2道)间下行线封锁，190 km 700 m至214 km 086 m处施工。

开通后襄渝线白河东站至下冷水站间下行线203 km 000 m至207 km 000 m处第1列限速35 km/h禁止放行旅客列车，第2、3列限速45 km/h；6月4日12时00分至6月5日12时00分限速60km/h运行。其中开通后第1、2、3列限速由列车调度员传递调度命令。

2. ▲运行揭示调度命令15392号：因6月5日8时30分至12时00分，襄渝线白河东站至下冷水站(站内2道)间下行线封锁，190 km 700 m至214 km 086 m处施工。

开通后襄渝线白河东站至下冷水站间下行线203 km 000 m至207 km 800 m处第1列限速35 km/h禁止放行旅客列车，第2、3列限速45 km/h；6月5日12时00分至6月6日12时00分限速60 km/h运行。其中开通后第1、2、3列限速由列车调度员传递调度命令。

二、运行揭示调度命令中同时含有上下行时，在编写交付揭示时上下行需同时编写。

例如：运行揭示调度命令15388号：因6月4日21时00分至6月5日0时30分，襄渝线花楼坝站内下行正线及2号、8号、10号道岔封锁，501 km 568 m至503 km 321 m处施工。

开通后襄渝线花楼坝站内下行正线501 km 568 m至503 km 321 m处第1列限速35 km/h禁止放行旅客列车；6月5日0时30分至5时30分限速45 km/h，6月5日5时30分至6月6日0时30分限速60 km/h运行，其中开通后第1列限速由列车调度员传递调度命令。

施工邻线限速:襄渝线花楼坝站内上行正线503 km 321 m至501 km 539 m处,6月4日21时00分至6月5日0时30分限速60 km/h。

此运行揭示调度命令的交付文档为:

襄渝线交付揭示

交付日期:2022年6月4日17时00分 有效时间至2022年6月5日24时00分

(上行)

1.▲运行揭示调度命令15388号:因6月4日21时00分至6月5日0时30分,襄渝线花楼坝站内下行正线及2#、8#、10#道岔封锁,501 km 568 m至503 km 321 m处施工。

开通后襄渝线花楼坝站内下行正线501 km 568 m至503 km 321 m处第1列限速35 km/h禁止放行旅客列车;6月5日0时30分至5时30分限速45 km/h,6月5日5时30分至6月6日0时30分限速60 km/h运行。其中开通后第1列限速由列车调度员传递调度命令。

施工邻线限速:襄渝线花楼坝站内上行正线503 km 321 m至501 km 539 m处,6月4日21时00分至6月5日0时30分限速60 km/h。

(下行)

1.▲运行揭示调度命令15388号:因6月4日21时00分至6月5日0时30分,襄渝线花楼坝站内下行正线及2#、8#、10#道岔封锁,501 km 568 m至503 km 321 m处施工。

开通后襄渝线花楼坝站内下行正线501 km 568 m至503 km321 m处第1列限速35 km/h禁止放行旅客列车;6月5日0时30分至5时30分限速45 km/h,6月5日

5 时 30 分至 6 月 6 日 0 时 30 分限速 60 km/h 运行。其中开通后第 1 列限速由列车调度员传递调度命令。

施工邻线限速：襄渝线花楼坝站内上行正线 503 km 321 m 至 501 km 539 m 处，6 月 4 日 21 时 00 分至 6 月 5 日 0 时 30 分限速 60 km/h。

三、运行揭示调度命令为单线的命令，在编写交付文档时仅按里程由小到大或由大到小的原则进行编写。

例如：运行揭示调度命令 15649 号：2022 年 4 月 4 日 8 时 00 分至另有命令时，咸铜线泾河站内正线 28 km 832 m 至 29 km 032 m 处施工，限速 45 km/h。

此运行揭示调度命令的交付文档为：

咸铜线交付揭示

交付日期：2022 年 7 月 1 日 17 时 00 分 有效时间至 2022 年 7 月 2 日 24 时 00 分

单线

1. ▲运行揭示调度命令 15649 号：2022 年 4 月 4 日 8 时 00 分至另有命令时，咸铜线泾河站内正线 28 km 832 m 至 29 km 032 m 处施工，限速 45 km/h。

四、涉及停工、数据换装、特定行车等不相关命令时，在编写交付揭示时将该命令编写在涉及的线路最后，示例如下。

襄渝线交付揭示

交付日期：2022 年 6 月 4 日 17 时 00 分 有效时间至 2022 年 6 月 5 日 24 时 00 分

（上行）

1. ▲运行揭示调度命令 15389 号：施工邻线限速：襄渝线达州站至双龙站内正线间上行线 580 km 695 m 至 574 km 648 m

处,6 月 4 日 22 时 30 分至 6 月 5 日 1 时 30 分限速 60 km/h。

2. △运行揭示调度命令 15399 号:因 6 月 5 日 7 时 40 分至 11 时 10 分,襄渝线高滩站至向阳镇站内正线至紫阳站间上行线封锁,393 km 092 m 至 369 km 619 m 处施工。

开通后襄渝线高滩站至向阳镇站间上行线 380 km 842 m 至 379 km 000 m 处第 1 列限速 45 km/h,第 2 列限速 60 km/h;6 月 5 日 11 时 10 分至 6 月 6 日 11 时 10 分限速 120 km/h 运行。其中开通后第 1、2 列限速由列车调度员传递调度命令。

(下行)

1. ▲运行揭示调度命令 15378 号:因 6 月 4 日 8 时 30 分至 12 时 00 分,襄渝线白河东站至下冷水站(站内 2 道)间下行线封锁,190 km 700 m 至 214 km 086 m 处施工。

开通后襄渝线白河东站至下冷水站间下行线 203 km 000 m 至 207 km 000 m 处第 1 列限速 35 km/h 禁止放行旅客列车,第 2、3 列限速 45 km/h;6 月 4 日 12 时 00 分至 6 月 5 日 12 时 00 分限速 60 km/h 运行。其中开通后第 1、2、3 列限速由列车调度员传递调度命令。

2. ▲运行揭示调度命令 15392 号:因 6 月 5 日 8 时 30 分至 12 时 00 分,襄渝线白河东站至下冷水站(站内 2 道)间下行线封锁,190 km 700 m 至 214 km 086 m 处施工。

开通后襄渝线白河东站至下冷水站间下行线 203 km 000 m 至 207 km 800 m 处第 1 列限速 35 km/h 禁止放行旅客列车,第 2、3 列限速 45 km/h;6 月 5 日 12 时 00 分至 6 月 6 日 12 时 00 分限速 60 km/h 运行。其中开通后第 1、2、3 列限速由列车调度员传递调度命令。

3. ▲运行揭示调度命令 15427 号:因 6 月 30 日 6 时 30 分至

9 时 20 分，襄渝线花楼坝站内 3 号、5 号、4 号、6 号、9 号、13 号、14 号、16 号道岔上行线封锁，503 km 321 m 至 501 km 539 m 处施工。

施工期间执行施工特定行车办法。

(1)花楼坝站下行进站信号停用，引导接车并正线通过时，列车凭特定引导手信号的显示，以不超过 60 km/h 速度进站。

(2)花楼坝站下行出站信号停用，车站使用列车无线调度通信设备(其语音记录装置须作用良好)将绿色许可证编号和调度命令号码通知司机，列车凭通过手信号通过车站。

附件 11

GYK 揭示编辑中心资料管理要求

序号	名　　称	保存时间	留存部门	留存格式	备　　注
1	运行揭示调度命令原始命令或传真件	一年	GYK 揭示编辑中心	电子生成纸质留存	施工调度命令管理系统生成
2	GYK 揭示编辑中心工作日志	一年	GYK 揭示编辑中心	电子留存	
3	临时限速	一年	GYK 揭示编辑中心	电子生成纸质留存	GYK 编辑软件打印生成
4	运行揭示调度命令接收检索登记表	一年	GYK 揭示编辑中心	纸质留存	
5	GYK 临时数据文件编制核对登记表	一年	GYK 揭示编辑中心	纸质留存	
6	运行揭示及 GYK 临时数据文件传递接收核对登记表	一年	GYK 揭示编辑中心	纸质留存	
7	运行揭示及 GYK 临时数据文件确认表	一年	接收单位 GYK 揭示编辑中心	电子档纸质留存	
8	交付揭示	3 个月	GYK 揭示编辑中心	电子留存	
9	GYK 临时数据文件	3 个月	GYK 揭示编辑中心	电子生成	
10	各岗位工作视频	3 个月	GYK 揭示编辑中心	视频